세상에서 가장 쉬운

교육영화 수업

세상에서 가장 쉬운
교육영화 수업

초판 1쇄 발행 2024년 1월 20일

지은이 구자경 · 이해중

발행인 송진아
편 집 아이펑크
디자인 권빛나
제 작 제이오
펴낸곳 푸른칠판
등 록 2018년 10월 10일(제2018-000038호)
팩 스 02-6455-5927
이메일 greenboard1@daum.net

ISBN 979-11-91638-18-9 04370 | 979-11-965375-6-2 (세트)

세상에서 가장 쉬운

교육영화 수업

구자경·이해중 지음

푸른칠판

▷ 목차

2장 학교에서 영화 만들기

종합예술로서의 활동, 영화제작 교육

주입식교육이 지배적이고 암기 능력이 높게 평가받던 시절에는 교사나 학생 누구나 지식 습득을 최우선으로 생각했다. 오직 교과 성적만이 대학 입학 여부를 결정하고 직업 선택의 기회를 보장하며 미래를 결정짓는다고 믿었다. 개천에서도 용이 나올 수 있다고 믿었던 시대였지만, 극단적으로 표현하자면 그 결과는 안타깝게도 한 명의 승자와 나머지의 패자들만 만들었을 뿐이다. 시대가 바뀐 지금은 얼마나 달라졌을까? 여전히 교육은 대학입시를 따라 흘러가는 기이한 형태로 존재하고, 이런 안타까운 현실을 깨뜨리고자 하는 노력이 '학생부종합전형'이라는 입시 형태로 나타났다. 아직도 대학수학능력시험이 입시에서 가장 공정한 평가라고 말하는 사람들이 있지만, 공정성의 문제를 제쳐 둔다 해도, 대학수학능력시험은 분명 학생의 핵심역량을 평가하는 데 한계가 있다. 말 그대로 대학수학능력시험은 대학에서 학업을 이어 나갈 능력이 있는지 측정하는 데 목적이 있는 시험일 뿐이다.

사람은 누구나 자기만의 고유한 능력이 있다. 그 능력은 종류도, 나타나는 순간도 모두 다르다. 그런데 교육 현장에서는 하나의 기준으로만 학생의 능력을 평가하려고 한다. 그래야 '공정한' 평가라고 인정받기 때문이다. 그러다 보니 그 평가 기준에 맞는 능력을 가진 사람만이 우월한 존재로 인정받는다. 교과 성적은 우수한데 달리기를 못하는 학생은 달리기 능력을 평가 기준으로 삼았을 때 흔히 말하는 '부진아'가 된다. 달리기는 잘하지만 악기 연주를 못하는 학생에게 연주 능력을 평가 기준으로 적용하면 역시 '부진아'가 되는 것이다. 이런 방식으로 지금도 학교와 사회는 도구교과나 주지교과의 성취도를 학생 능력의 평가 기준으로 삼고 있다. 이러한 현실 속에서 공부에 소질이 없는 아이도 방과 후엔 학원을 맴돌아야 하고, 학원을 다니지 않거나 과외를 받지 않거나 국·영·수 학원이 아닌 곳에 발을 디디면 어딘지 모르게 뒤처지는 아이로 낙인찍기도 한다.

그런데 실제 우리 사회의 모습을 들여다보면 다양한 사람들이 어울려 각자의 능력을 발휘하고 있다. 학창 시절 교과 능력이 우수했던 사람만이 사회에 나와 성공한 삶을 사는 것도 아니고 행복한 삶을 보장받는 것도 아니다. 누구나 그 사실을 잘 알면서도 대학이라는 관문을 통과하기 위해 교과학습 능력으로 경쟁하며 발버둥치고 있는 것이다. 교육의 본질을 잊은 채로 말이다.

교육은 좀 더 나은 삶의 방향으로 나아가도록 인간을 변화시키는 과정이어야 한다. 학습(교육)은 인간이 사회화를 이루기 위한 중요한 수단이다. 사회화의 핵심 내용은 문화의 전승이어야 하며, 문화 전승의 과정을 거쳐야 사회가 유지되고 존속할 수 있다. 이것이 인간이 이룬 사회가 여타의 동물들이 무리를 지어 사는 군집과 다른 점이다. 따라서 문화 전승을 위한 학습 방식은 인간의 재능을 다양하게 펼칠 수 있는 방식이어야 한다. 다양성을 바탕으로 하는 사회는 더 견고하게 성장할 수 있다.

그런데 우리 사회는 안타깝게도 '입시'가 '교육'을 끌고 가는 방식으로 획일화되어 있는 현실이다. 입시 정책이 어떻게 변하는가에 따라 교육정책도 변해 간다. 학생이나 학부모에게 교육의 가치는 입시에 대한 유불리로 평가된다. 입시에 도움이 되는 교육은 가치 있는 교육이고, 그렇지 않은 교육은 의미가 없다고 여긴다. 여기에는 공교육과 사교육의 구분도 필요없다. 교육 자체가 목적이 되던 시대는 이제 종말을 맞이한 느낌이다.

이러한 분위기 속에서 우리 교육 현실에 대해 회의적으로 생각하는 사람들은 교육의 본질과 다양한 교육 방법에 대한 고민을 계속했다. 그중 영화교육이 하나의 대안으로 활용되기 시작했다. 영화를 활용한 교육은 메시지와 협력, 그리고 다양성을 전제로 한다. 이 세 가지 특징은 특히 영화제작 교육에서 빛을 발하는데, 영화제작 과정이 갖는 특성과 깊은 관련이 있다.

모든 예술이 그렇겠지만, 영화가 세상에 던지는 메시지는 매체의 특성을 적절히 활용한 직접적이면서도 은유적인 외침이다. 여러 이유로 문자 텍스트 위주의 표현을 어색하게 느끼는 현재의 아이들은 어느새 감각적, 직관적, 즉각적인 특징을 가진 영상매체를 통해 정보 수집과 자기표현을 하고 있다. 영상매체를 통한 자기표현 의존도가 매우 높아진 현실에서 영화제작 교육은 아이들의 흥미를 끌기에 충분하다. 특히 영상은 메시지를 생산하는 쪽이나 소비하는 쪽 모두에게 선호도가 높은 매체이기 때문에 접근성이나 전달 면에서 문자 텍스트에 비해 효과가 뛰어나다.

한편 영화제작의 과정을 살펴보면, 실험적인 영화의 경우 극소수 또는 1인이 만들기도 하지만, 보편적으로 한 편의 영화를 만드는 데 많은 수의 스태프와 배우가 필요하다. 이들은 각자 맡은 역할이 있고, 자신이 담당하는 분야에서 오랜 시간 수련의 과정을 겪어 온 전문가들이다. 학생들의 영화제작 과정도 크게 다르지 않다. 학급 단위든 동아리 단위든 집단을 형성하여 제작이 이루어지고, 그 안에서 역할이 나뉘는 구조도 같다. 이런 이유로 학교에서 학생들과 함께하는 영화제작 교육에서 가장 먼저 가르쳐야 할 부분이 협력과 책임이다. 우리는 한 가지 목표를 향해 다수가 함께하는 과정에서 내부 관계가 어그러질 때 목표 달성과는 거리가 멀어진다는 사실을 경험으로 잘 알고 있다. 영화제작은 작품의 완성이라는 목표를 향해 협력적 관계를 유지하며 나아가는 과정이기 때문에, 그 과정에서 생기는 이견과 갈등의 조율이 필수적이다. 영화제작에 참여하는 학생들이 자신의 역할에 충실하지 않거나 책임감 있는 태도를 보이지 않을 때 그 집단이 원하는 목표를 이룰 수 없다는 사실을 깨닫게 된다.

영화제작에 참여하는 학생들 중 특히 청소년들은 보통 자신의 관심 분야나 진로 분야와 가장 밀접한 역할을 선택해 참여한다. 영화제작에는 배우, 작가, 연출, 촬영, 조명, 음향, 분장, 편집 등 다양한 분야의 역할이 필요하며 각각의 역할에 지원하는 청소년들은 영화제작 과정을 자신의 재능을 펼칠 기회로 삼는다. 글쓰기 재능이 있는 사람은 작가로 지원해 영화 대본을 쓰며 시나리오작가로서의 꿈을 키우고, 헤어나 메이크업을 전문적으로 배우는 사람은 분장 팀에서 영화의 완성도를 높이기 위해 자기 능력을 펼친다. 특히 이러한 활동으로 대학 진학이나 사회 진출을 앞두고 있는 고등학생의 경우 확고한 진로 설계에 도움을 받는 경우가 많다.

영화제작 교육 현장에서는 다양한 꿈과 재능을 가진 학생들이 모여 한 편의 영화를 완성한다. 이들의 재능은 대학수학능력시험이나 교과성적 같은 획일적 방식으로 평가할 수 없는, 인간이 지니고 있는 다양성의 산물이다. 학생들은 영화제작을 통해 관계와 협업의 중요성을 알고 이에 따르는 책임 의식을 갖추게 된다. 그리고 그렇게 만들어진 영화는 세상에 더 당당하게 메시지를 전달할 수 있다. 영화제작 교육은 단순히 영상매체에 심취해 있는 학생들 몇몇이 모여 즐기는 취미 활동이나 놀이 문화가 아니라, 한 인간이 재능을 펼치고 문학, 음악, 미술 등 예술의 영역과 기술이 함께 어우러진 종합예술로서의 교육활동이다. 왕성한 영화제작 교육이 영화 활용 교육으로 이어질 때 영화교육의 시너지는 더 강화될 것이다.

이 책에는 초등학교와 중·고등학교에서 학생들과 직접 영화제작 교육을 했던 경험을 담았다. 학생들과 영화제작 교육에 처음 도전해 보고 싶은 교사나 영화제작에 관심 있는 학생들에게 이 책이 길잡이 역할을 해 줄 것이다. 기존에 나와 있는 영화제작 교육서들은 너무 전문적이거나 초등 또는 중등의 사례를 제한적으로 담고 있는 경우가 많다. 또한 내용적 측면에서도 극영화 중심의 기술이 많아 영화제작 교육의 폭이 한정적이다. 그러나 이 책에서는 초·중등을 망라해 극영화, 다큐멘터리, 뮤직비디오, 광고 제작 등 학급이나 동아리에서 활용할 수 있는 다양한 분야의 제작 사례를 담고 있어 그 활용도가 매우 높을 것으로 기대한다. 따라서 초등과 중등의 다양한 사례를 학교급별 구분의 제약으로 받아들이지 말고 각자의 상황과 수준에 맞게 차용하거나 응용하여 교육적 효과를 높이기를 바란다.

1장

★ ★ ★ ★ ★

교육영화의
모든 것

1장에서는 영화제작 교육의 필요성과 '교육영화'의 의미를 알아보고, 영화제작의 전반적 과정과 영화에서 사용하는 특수한 용어들에 대해 살펴본다. 한편 영화제작 교육은 교육과정 편제상 초등과 중등에서 약간 다르게 적용되는 특징이 있기 때문에 초등의 '학급 중심' 영화제작 교육과 중등의 '동아리 중심' 영화제작 교육에 대해 알아본다.

01
교육영화란
무엇인가

학교에서 영화교육을 한다고 하면 크게 두 종류의 질문을 받는다. 하나는 어떤 영화를 보냐는 것이고, 다른 하나는 어떻게 영화를 만드냐는 것이다. 이런 구분은 다른 교육에서도 마찬가지일 텐데, 특히 영화교육과 비슷한 '연극교육'도 연극 자체를 가르치는 교육과 연극을 통한 교육으로 나눌 수 있다. 연극 자체를 가르치는 교육의 경우, 무대에 연극을 올리는 것이 매우 중요하다. 무대에 올라가는 경험을 통해 완성된 연극을 전체적으로 알 수 있기 때문이다. 한편 연극을 통한 교육은 연기를 하고 무대를 꾸미는 과정 등의 연극적 요소들로 인한 성장을 목표로 한다. 즉 무대에 오르지 않아도 충분한 교육이 된다. 이러한 방식을 일반적으로 '교육연극'이라고 부른다. 다시 영화로 돌아와 이야기해 보면 영화교육은 다음과 같이 크게 세 가지로 나뉜다.

- 영화를 통한 교육 : 주로 영화를 교재로 이용하거나, 영화를 본 다음 토론과 후속 활동을 하는 교육
- 영화제작 교육 : 영화를 제작하는 방법을 다루는 교육. 촬영 기법, 스토리 작성, 편집 등을 다룬다.
- 영화에 대한 교육 : 영화 자체에 대한 미학을 다루는 교육. 영화사, 비평과 평론 방법 등을 다룬다.

이 세 가지 중에서 이 책은 영화제작 교육에 대해 다루고자 한다. 그렇다면 학교에서 영화제작 교육을 통해 완성된 작품은 어떤 특징을 가지고 있을까 하는 의문이 생길 수 있다. 우리가 일반적으로 접하는 수익을 목표로 하는 상업영화나 저예산으로 제작된 독립영화와, 학교에서 학생들이 제작한 영화는 어떤 차이를 가지고 있는지 알아보려면 과정과 목적을 먼저 생각해 봐야 한다.

학교에서의 영화제작은 그 자체가 목적은 아니다. 마치 교육연극의 목적이 연극을 무대에 올리는 것이 아닌 것처럼 말이다. 영화제작을 통한 교육 또는 영화제작을 수단으로 삼는 교육이 목적이다. 그래서 영화제작 과정을 통해 어떤 배움과 성장이 일어났는지가 가장 중요하다. 그런데 영화는 작품으로 완성되어야만 배울 수 있다는

특징이 있다. 영화는 종합예술이지만 각 부분의 참여가 잘 보이지 않는데, 부분들의 참여가 전체 안에서 크고 작은 역할들을 하며 얼마나 중요한지는 관객들의 관람 후에 나타나기 때문이다. 영화를 제작하는 과정뿐 아니라, 관객이 완성된 영화를 만나면서 생겨나는 배움은 또 다른 것이다.

따라서 이러한 교육적 목적을 달성하기 위해 제작하는 영화는 상업영화 등과 구분하기 위해 다른 명칭이 필요하다. 특성상 교육연극과 비슷하기 때문에 '교육영화'로 지칭할 수 있을 것이다. 이때의 교육영화는 영화제작이라는 수단을 통한 교육의 결과물이다. 이렇게 개념과 명칭을 정하고 나면 참여하는 사람, 지도하는 사람, 지켜보는 사람 모두 뚜렷한 목표와 기대를 가질 수 있다. 정리하면 교육영화는 교육을 목적으로 하며, 영화제작의 과정을 익히고, 만들어진 영화를 교육적으로 유용하게 활용하기 위한 것이라고 할 수 있다.

한눈에 보는
영화제작 과정

일반적인 영화제작의 단계는 크게 세 단계로 나뉜다. 프리프로덕션, 프로덕션, 포스트프로덕션이다. 실제 촬영 및 녹화 단계를 기준으로 해서, 그 전을 사전제작 과정, 그 뒤를 후반작업이라고도 부른다. 각 단계에서 충분히 고려해야 할 점들이 많은데, 단계별로 좀 더 구체적인 과정과 사례, 유의점들은 2장에서 확인할 수 있다.

프리프로덕션 (사전제작)

이 단계에서는 기획 과정을 거쳐 콘티를 만든다. 어떤 주제, 소재, 내용을 담아 영화를 제작할지 정하고 출연진과 스태프를 구성한다.

예산이 사용된다면 예산 사용 계획도 할 수 있다. 학교에서는 이 단계에서 모든 가능한 변수를 예측해 두어야 실제 촬영 때의 시행착오를 줄일 수 있다. 촬영이 시작되면 많은 인원이 동시에 움직여야 하기 때문이다. 시나리오를 중심으로 한 리허설, 장소 섭외까지 진행되는 단계로, 촬영을 위해 시나리오를 콘티로 만들어 모든 스태프가 공유해야 촬영의 준비가 끝난다.

프로덕션 (촬영 및 녹화)

기획한 내용에 따라 촬영을 실시한다. 촬영, 녹음, 스크립트 작성, 조명, 녹화된 데이터를 백업하고 관리한다. 촬영장에서는 스태프들이 유기적으로 움직여야 촬영이 원활하게 이루어지기 때문에, 감독을 맡은 학생을 돕는 조연출들이 꼭 필요하다. 다음 출연진을 준비시키고 필요한 소품 등을 적절히 배치하며, 빠진 부분이 없는지 등등의 촬영 내용을 꼼꼼히 챙겨야 한다.

포스트프로덕션 (후반작업)

촬영이 모두 끝난 다음 영상을 이어 붙이고, 효과를 주는 등의 편집 작업이 진행된다. 필요한 음악을 정하는 작업, 더빙, 색보정 등의 작업이 이루어지며, 영화의 포스터를 만들고 시놉시스, 출연 및 제작진 리스트 정리, 시사회까지 이어진다.

 이 세 가지 영화제작 단계 중 가장 짧은 시간 안에 이루어지는 것이 바로 두 번째 단계인 '촬영 및 녹화'이다. 보통 첫 단계의 '기획'에 가장 오랜 시간이 걸린다. 무에서 유를 창조해 나가는 과정이기 때문이다. 학생들과 처음 만나 어떤 영화를 함께 만들지 이야기하는 영화제작 동아리 첫 시간의 막막함을 상상해 본다면 충분히 이해가 될 것이다. 그래서 스태프나 배우를 모집하는 일은 기획이 어느 정도 마무리된 다음에 진행할 수도 있다. 특별한 목적을 가지고 영화를 제작하기로 기획한 상태에서는 첫 기획의 뒷부분만 밀도 있게 동아리 등에서 다룰 수도 있다. 예를 들어 학교폭력 예방이나 독서교육 활성화를 위한 영화를 제작한다면, 영상의 길이, 목적, 배급의 방법, 간단한 주제, 소재 등이 정해진 상태에서 동아리를 모집하여 구성할 수도 있다.

꼭 알아야 할
영화 용어들

영화제작 과정에서 쓰이는 특정 용어들이 있다. 영화제작은 많은 사람들이 공동으로 참여하는 작업이기 때문에 이러한 용어들은 중요한 의사소통 수단이 될 뿐만 아니라, 영화제작 과정에서 사용되는 여러 문서에서 압축적인 의미로 쓰이기도 하므로 꼭 알아 두어야 한다. 자주 쓰이는 영화 용어들의 사전적 정의를 간략히 정리해 보면 다음과 같다.

의미 단락의 차이에 따른 용어

• 컷cut : ①화면전환 효과 없이 화면과 화면을 붙이는 방법. 이런

편집 방법을 '컷 편집'이라고 한다. ②한 번에 촬영된 장면 (숏 short와 동의어) ③촬영장에서 연출자가 촬영을 중단시키는 행위 ④필름의 한 부분을 잘라 내 삭제하는 행위(예전에는 필름을 실제로 잘랐던 데에서 나온 용어)

- 숏shot : 촬영을 시작해서 멈출 때까지의 장면. 쉽게 말해 '액션'이라고 외치고 '컷'할 때까지의 장면

- 신scene : 여러 개의 숏이 모인 좀 더 넓은 단락으로, '~신'이라고 말한다. '액션신, 추격신'처럼 내용에 따라 이름을 붙이기도 한다. 보통 한 개의 영화는 120개 정도의 신으로 이루어져 있다.

- 시퀀스sequence : 여러 개의 신을 모아 만든 하나의 에피소드. 숏을 단어라고 비유한다면, 신은 문장, 시퀀스는 문단이라고 할 수 있다. 여러 개의 시퀀스가 모이면 하나의 영화가 된다.

촬영 관련 용어

- 콘티(또는 스토리보드) : 내용을 쉽게 이해할 수 있도록 그림으로 나타내 정리한 표. 제목, 화면 구성, 화면 설명, 소리, 시간 등의 내용이 들어간다. 말하자면 건축시공의 설계도와 비슷하다.

- 슬레이트slate : 촬영장에서 영화 촬영을 시작할 때 쓰도록 촬영에 대한 정보를 적은 판. 정확히는 클래퍼보드clapperboard라고 하는 것이 맞다. 윗부분에 소리가 나는 두 짝의 나무 판이 있다.

슬레이트를 치는 사람을 '슬레이터'라고 부르는데, 슬레이터가 슬레이트를 치는 가장 큰 목적은 박수 소리가 나게 함으로써 수차례 진행되는 촬영에서 편집을 위한 시작점sync를 맞추기 위해서이다.

- 롤링rolling : 카메라를 통해 녹화되고 있다는 표현. 흔히 감독이 카메라 담당에게 '카메라'라고 부르면 카메라 담당자가 '롤링'이라고 답하는 식으로 쓰인다.

- 스피드speed : 동시녹음이 준비되어 녹음을 시작한다는 뜻. 녹음을 담당한 사람은 감독이 '음향'이라고 부르면 '스피드'라고 답하는 식이다. 예전에는 녹음을 위해 버튼을 눌러 어느 정도 속도가 올라와야만 녹음이 가능했기 때문에 녹음 가능 속도에 이르렀다는 표현에서 비롯되었다. 촬영장에서 롤링이나 스피드 같은 용어를 사용하는 까닭은 녹음이나 녹화를 놓치는 경우가 무척 많기 때문이다. 영화제작 현장에서 가장 많이 들리는 용어가 바로 '롤링, 스피드'일 것이다.

피사체 크기나 범위와 관련된 용어

- 익스트림 클로즈업숏extream close up shot, ECU 또는 XCU : 신체의 일부분을 확대해서 촬영하는 장면. 눈동자나 입이 화면 가득 나오도록 촬영하는 것

- 클로즈업숏close up shot, CU 또는 CS : 목과 얼굴 정도가 화면에 가득 차게 촬영하는 것
- 바스트숏bust shot, BS : 얼굴부터 가슴까지 나오게 촬영하는 장면. 뉴스 앵커가 화면에 나오는 방식을 바스트숏으로 보면 된다.
- 웨이스트숏waist shot, WS : 허리부터 상반신을 촬영하는 것. 주로 두 사람을 촬영할 때 사용된다.
- 미디엄숏medium shot, MS : 인물이 서 있을 때 손부터 얼굴까지 모두 보이게 촬영하는 것
- 니숏knee shot, KS : 무릎부터 머리까지 촬영하는 것으로 공간적인 여유가 생긴다. 불안정하지만 운동선수의 움직임을 보여 주는 장면 등에 적합하다.
- 풀숏full shot, FS : 머리부터 발끝까지 모두 나오게 촬영하는 것. 인물의 행동이 위치에 대한 정보를 준다.
- 롱숏long shot, LS : 인물의 전신을 포함해 먼 거리에서 주변이 충분히 보이게 촬영하는 장면
- 익스트림롱숏extream long shot, ELS : 롱숏보다 훨씬 더 넓은 범위를 촬영하는 것. 재난영화의 첫 장면에서 도시나 섬 전체를 찍은 장면 등이 익스트림롱숏에 해당한다.
- 인물의 수에 따라 숏을 나누면 한 명만 찍는 원 숏(1S), 두 명을 찍는 투 숏(2S), 여러 명을 찍는 그룹 숏(GS)이 있다.

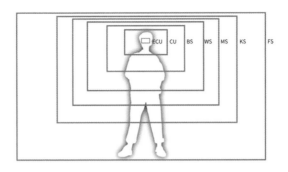

촬영자와 피사체의 간격과 관련된 용어

- 하이 레벨High angle level shot : 카메라가 피사체를 위에서 내려다 보며 촬영하는 것

- 아이 레벨eye angle level shot : 눈높이에서 촬영하는 것. 대부분의 장면은 눈높이에서 촬영하는 것이 일반적이다.

- 로우 레벨low angle level shot : 아래에서 올려다보며 촬영하는 것

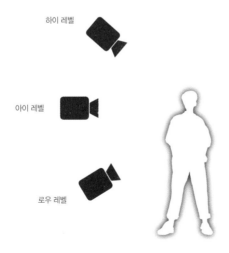

- 룸^{room} : 주요 피사체 옆에 있는 공간. 움직이는 방향으로의 공간을 리드룸^{lead room}, 눈앞의 공간을 아이룸^{eye room}, 머리 위의 공간을 헤드룸^{head room}이라고 부른다. 공간이 부족하면 답답하게 느껴지고, 너무 많으면 휑한 느낌을 준다.

녹음과 관련한 용어

- 동시녹음, 후시녹음 : 촬영과 녹음을 함께 하는 것을 '동시녹음'이라고 하고, 편집된 영상을 보면서 대사, 내레이션, 음향효과 등을 녹음하는 것을 '후시녹음'이라고 한다.
- 룸톤^{room tone} : 특정 촬영 장소에서 자연스럽게 발생하는 소음. 각각의 공간은 저마다의 고유한 소음을 가지고 있는데, 룸톤을 녹음해 두어야 편집 시에 활용할 수 있다.

- BGM^{background music} : 배경음악. 배경음악으로 사용된 원본 음악을 OST^{original sound track}라고 한다.
- 붐마이크^{boom mike} : 붐은 굵은 낚싯대 모양의 장대 끝에 마이크를 매달아 촬영자에 가까이 다가가게 해서 녹음하는 장치이다. 이때 마이크는 특정 방향의 소리만 수음하는 지향성마이크와 여러 방향의 소리를 받아들이는 다이나믹마이크가 있다. 경우에 따라 바람 소리를 막기 위해 털 뭉치처럼 생긴 데드 캣^{dead cat}으로 마이크를 덮기도 한다.

그 밖에 영화 장르를 지칭하는 용어들도 있다. 영화 장르를 나누는 기준은 다양한데, 내용에 따라 공포영화, 액션영화, 코미디영화, 판타지영화, 음악영화 등으로 지칭하기도 하고, 길이에 따라 단편, 장편으로 지칭한다. 또 방식에 따라 극영화, 애니메이션, 다큐멘터리 등으로 지칭하기도 한다.

04

학생들과 함께하는 영화제작

초등 영화제작 과정 훑어보기

초등학교에서는 담임교사가 학급 학생들과 함께 영화를 만들거나 동아리 또는 방송반 등에서 영화를 만들 수 있다. 학급 학생들과 영화를 제작할 경우, 담임교사에게 재량권이 많다는 장점이 있다. 최근에는 교과 단원에서 영화나 영상을 만들어 보는 활동들이 제시되기도 하는데, 꼭 교과에 제시되는 활동이 아니더라도 학생들과 함께 이야기를 창작하고 영화제작으로 갈무리할 수 있는 요소들은 무궁무진하다. 단, 학급에서 영화를 만들기 위해서는 영화제작의 목적에 학급 학생들이 동의한다는 전제가 있어야 한다. 영화제작에 대한 학급 학생들 사이의 온도차가 크기 때문이다. 하지만 동아리나 방송반에서 영화를 만들 경우, 영화제작을 경험해 보고 싶은 학생들이 모이기 때문에 좀 다른 양상을 띤다. 따라서 학급 학생들을 대상으로 하는 영화제작과 동아리 학생들을 대상으로 하는 영화제작의 구성을 달리하여 진행하는 것이 좋다.

학급 영화제작을 할 때에는 다 함께 몇 가지 원칙에 대해 먼저 합의해야 한다. 무엇보다 중요한 것은 영화제작 과정에서 작은 역할이라도 하나씩 맡아 모두가 참여해야 한다는 것이다. 경우에 따라서는 학예회나 졸업식에서 상영하기 등의 제작 목표를 분명히 하고 진행하기도 한다. 학급에서 영화를 제작할 때 진행 과정을 기록하여 학부모 공개수업에서 공개하는 것을 목표로 할 수도 있다. 이런 합의가 중요한 까닭은 학급운영과도 연결되기 때문이다. 담임교사와 학급 학생들이 함께 정하는 생활 규칙과 영화제작의 과정이 분리되어서는 안 된다. 그래서 학급 학생들과 만든 영화에는 고스란히 그 학급의 분위기가 묻어나는데, 이런 점은 교육영화가 가지는 매력 중의 하나이다.

동아리에서 영화를 만드는 경우, 제한된 시간을 활용해야 한다는 것이 단점이다. 많아야 1년에 30시간 내외인데, 초등학생은 기술적으로 미흡하기 때문에 기술적인 부분에 대한 교육에도 시간을 분배해야 한다. 그래서 모두가 하나의 작품을 제작하기 위해 노력하는 것보다는 다양한 방식의 제작 기술을 배우면서 실습해 보는 것을 추천한다. 여러 기술을 익히고 난 다음 제작하는 것이 아니라 만들면서 배우는 방식인 것이다. 아직 자신이 영화제작에서 어떤 역할을 잘할지 모르는 학생들이 더 많다. 처음에는 다양한 역할을 경험해 보게끔 여러 번의 제작 과정을 거치도록 해 주는 것이 좋다.

구체적인 예를 들면 사진 촬영, 영상 촬영, 컷 편집, 뮤직비디오처럼 동시녹음이 이루어지지 않는 방식, 동시녹음이 필요한 방식, 포스터 작업, OST 만들기, 시나리오 쓰기, 콘티 그려 보기, 간단한 내부 공모전 거치기 등의 다양한 방식을 사용할 수 있다.

초등 영화제작 과정의 특별한 점 중 하나는 결과물이 꼭 영화일 필요는 없다는 점이다. 광고 형태도 좋고 짧은 영상, 보도, 행사 기록, 인터뷰, 다큐 형태도 좋다. 이러한 과정 모두가 영화제작의 한 부분이라고 보아도 무방하다. 다음은 동아리 운영 시의 흐름에 대한 예시이다.

	주요 내용	활동 예시
1회차	주제, 소재 찾기	브레인스토밍 하기, 마인드맵 그리기, 지금까지 본 영화 리스트 만들기, 영화 퀴즈 내기 등
2회차	스토리 만들기	이야기 이어가기, 뒷/앞이야기 써 보기, 반전 요소 만들어 보기
3회차	촬영 연습 1 - 사진	두 장의 사진으로 이야기 만들기, 사진으로 이루어진 영상 만들기, 성장 영상 만들기
4회차	촬영 연습 2 - 영상	뮤직비디오 만들기, 인터뷰 촬영하기, 컷 편집해 보기, 편집 툴 배우기
5회차	영화 기획하기	주제와 소재 정하기, 촬영의 일정이나 목표 정하기
6회차	시나리오 쓰기	이야기 개요 짜기, 시나리오 쓰기, 콘티 그리기
7회차	배역 및 역할 정하기	시나리오 리허설, 스태프 역할 구분, 준비물 챙기기, 소품 제작

8회차	촬영하기	촬영하기, 가편집하기
9회차	후반부 작업하기	포스터 그리기, OST 만들기, 소개 글 적어 보기, 예고편 만들기
10회차	시사회	시사회 하기, 좋아해(좋았던 점 아쉬웠던 점 해 보고 싶은 점) 적어 보기, 수정할 내용 반영해 최종 영상 배급하기

예측할 수 없었던 토요 영화 제작부

다양한 방식으로 학생들과 영화를 제작해 보았다. 학급 학생들과 함께 만들거나 동아리나 방송부 학생들과 만들기도 했고, 교육청 주관의 활동으로 짧은 기간 집중해서 중학생들을 대상으로 영화제작 과정을 운영하기도 했다. 그중 다시 경험하기 어려운 활동이 하나 있었는데, 바로 토요 방과후 운영을 했을 때였다. 당시에 정부 시책으로 토요일에 초등 방과후수업을 개설하도록 했는데, 아직 미혼이었던 나는 자의 반 타의 반으로 학교에서 토요 방과후 단편영화 제작부를 운영했다. 매주 토요일 오전에 두세 시간씩 운영했는데, 3~4학년 아이들 대여섯 명이 모였다. 영화에 관심이 있어서 온 학생도 있었지만 대부분 토요일을 재미있게 보내고 싶어서 온 학생들이었다.

학급 담임으로 진행할 때와는 완전히 다른 경험이었다. 아이들은 이 과정에 나오기 싫으면 나오지 않아도 됐고 과정이 폐강되면 나도 학교도 매우 곤란한 상황이 될 것 같았다. 그래서 조금이라도 재미있게 진행하고자 큰 노력을 기울였지만 생각보다 아이들은 그닥 재미있어 보이지 않았다. 그래서 아이들이 원하는 영화를 만드는 것으로 방향과 목표를 바꾸었다. 무엇이든 좋으니 간단하게 콘티를 적어 오면 선생님이 함께 만들어 주겠다는 약속을 하고 일주일이 지났을 때 한 학생이 주섬주섬 종이를 한 장 꺼냈는데, 핼러윈에 대한 이야기가 적혀 있었다. 친구들이 모두 귀신으로 변했는데 알고 보니 꿈이었다는 내용이었다. 사실 그날 아무도 콘티를 안 적어 왔을 것 같아 준비해 간 촬영 계획이 있었는데, 잠깐 고민하다가 아이들이 만들어 온 이야기로 영화를 만들기로 했다. 아이들은 이 귀신 이야기를 엄청 좋아했다. 1분 남짓의 아주 짧은 영상으로 완성되었는데, 내용보다 메이킹이 더 길게 편집되었다. 그리고 이 짧은 영상이 나비효과를 가져왔다. 그다음 주부터 아이들은 자신이 만들고 싶은 이야기를 적은 콘티를 엄청나게 가져오기 시작했다. 동전이 하수구에 떨어져 겪는 에피소드를 다룬 애니메이션, 친구와의 갈등을 해결해 나가는 이야기 등이 연달아 만들어졌고, 함께 만든 영화 〈나, 너, 우리〉는 영상제에서 큰 상을 타기도 했다. 그리고 이 모든 과정을 〈텔레비전에 내가 나왔으면 정말 좋겠네〉라는 다큐멘터리로 묶었다. 처음 시작할 때는 상상도 못했던 결과였다. 계획하지도 꿈꾸지도 않던 일이었다. 이때의 경험은 두고 두고 아이들과 내게 모두 큰 양분이 되었는데, 이때 열심히 참여한 한 학생은 이후에 방송부에서도 다시 만났다. 그리고 대학생이 되어 진로를 결정할 때 신문방송학과에 진학하였고, 지금까지도 무등영화제를 꾸리는 데 큰 도움을 주고 있다.

중등 영화제작 과정 훑어보기

중등학교에서 이루어지는 영화제작 활동은 초등학교와 다르고 또 중학교와 고등학교가 조금 다르다. 담임교사가 학급 단위 교육과정 편성·운영의 재량권을 가진 초등학교와는 달리, 교과전담교사에 의해 학습 일과가 운영되는 중등학교에서는 일부 시간을 제외하고 교과 시간을 활용한 영화제작이 현실적으로 어렵다. 그나마 중학교의 자유학기제 활동 중 '주제선택활동'과 고등학교의 창의적 체험활동 중 '자율활동' 시간 정도에 활동이 가능하다.

주제선택활동은 중학교 1학년을 대상으로 하는 자유학기제 활동의 일환으로 학생들이 희망하는 주제를 선택하여 개인 능력을 향상시키는 활동이다. 글쓰기, 코딩, 사회문제 탐구, 과학실험, 연극, 영화감상, 영화제작 등 다양한 활동이 개설된다. 평균 주 2시간 정도 배당되어 한 학기 동안 작은 프로젝트를 수행하는 형태이다. 영화제작도 이 시간을 활용하면 한 학기당 34시간을 확보할 수 있고, 시나리오 창작부터 편집까지 전 과정을 수행해 볼 수 있다. 이때 영화제작 과정에 대한 지식이 있는 교사가 프로그램을 운영할 경우에는 전 과정을 직접 지도할 수도 있고, 관련 분야의 지도가 어려운 경우에는 예술 강사를 초빙하여 운영하는 경우도 있다. 또한 분야별 단기 특강 형태로 학생들의 역량을 키워 줄 수도 있다.

고등학교에서는 교과 자율활동 시간을 활용해 중학교처럼 운영할 수 있다. 주당 평균 1시간의 교과 자율활동이 배당된 고등학교에서는 학기당 17시간, 연간 34시간을 확보할 수 있기 때문에 1년 단위의 프로젝트로 진행하면 충분히 한 편의 영화를 제작할 수 있다. 다만 주 1회의 시간 배당이 영화제작 흐름의 연속성을 끊거나 촬영 활동 등에 제약을 줄 수 있어 효율성이 떨어지는 단점이 있다.

그래서 중등학교에서는 '동아리 활동'을 가장 많이 활용한다. 동아리는 교육과정상의 창체 동아리와 자율 동아리로 구분되는데, 창체 동아리는 연간 30시간 이상을 확보할 수 있으며, 자율 동아리는 학생들의 자율적 활동으로 이루어지기 때문에 시간의 제약이 없다. 동아리를 구성하는 형태는 학교마다 차이가 있다. 교사가 먼저 동아리를 개설하고 학급에 공개하여 학생들의 신청을 받아 운영하는 것이 가장 보편적인 형태이다. 하지만 상당수의 학교에서는 동아리가 역사와 전통을 상징하는 경우가 많아서, 기존 동아리 회원들이 학교 곳곳에 홍보물을 붙이거나 동아리 설명회를 하는 등 학생들에게 직접 홍보하는 경우도 있다. 이런 경우 면접을 통해 해당 동아리의 설립 취지에 맞는 학생을 선발한다. 특히 동아리 특성에 맞는 재능이 있는 학생은 선발에서 우대받기도 한다.

영화 창작 동아리 역시 기존에 이미 활동하고 있는 선배(2, 3학년)들이 1학년 신입생을 선발하는 형태로 운영된다. 영화 창작 동아리를 구성하는 방식은 크게 두 가지로 나뉜다. 첫 번째는 동아리에 들어와 영화를 만들고 싶은 학생을 모집한 후 역할을 나누는 방식이다. 이 경우 보통 학급 영상이나 주제별 UCC_{user created contents}, 졸업

영상 등을 제작해 본 경험이 있는 학생들이 지원한다. 이 학생들은 영상 제작 기획과 촬영, 편집 등의 경험이 있기 때문에 영화제작에 대한 두려움이나 거부감이 적은 편이다. 경험이 있는 학생들이 모이기 때문에 다양한 제작 아이디어가 나오기도 하고, 촬영과 편집 과정이 수월하게 진행된다는 장점이 있다. 그러나 영화는 아이디어 회의, 촬영, 편집만으로 만들어지는 것이 아니기 때문에 보편적으로 역할에 대한 충돌이 일어난다. 저학년이 연기에 대한 욕구가 강한 편인 반면, 고학년으로 갈수록 연출에 대한 욕구가 강한 편이다. 저학년은 화면에 비치는 자신의 모습을 보면서 자신감이 높아지고 고학년은 작품의 완성에 결정적 역할을 했다는 성취감 때문에 연출을 희망하는 경우가 많다. 학생 사이의 역할에 대한 충돌이 생길 경우 지도교사의 중재 역할이 매우 중요하다. 중재가 잘 안되면 동아리가 와해될 수도 있기 때문이다.

따라서 동아리원을 역할별로 모집하면 이러한 불협화음을 줄일 수 있다. 동아리원

2023학년도 호서고등학교 영화창작동아리
참여 학생 모집 공고

1. 활동 영역: 단편 영화 제작
2. 관련 교과: 고등학교 국어, 역사
3. 제작 기간: 2023. 3. ~ 2023. 12.
4. 참여 학생 모집 세부 사항
   가. 모집 학년: 1, 2학년
   나. 분야별 모집 인원
      1) 스태프: 연출(○명), 조연출(○명), 작가(○명), 조명(○명), 분장(○명), 의상/소품(○명), 진행/스크립터((○명), 편집(○명)
   다. 스태프는 남녀 구분 없음 / 배우는 역할에 따라 남녀 인원 고려하여 별도 선발
   라. 스태프는 장면에 따라 조연으로 참여할 수 있음
5. 지원 방법
   가. 아래의 QR코드를 휴대폰으로 스캔하여 지원서를 성실하고 정확하게 작성해 주시기 바랍니다.
6. 지원 기간: 2023. 3. 6.(월) ~ 3. 10.(금)
※면접 대상자는 문자를 통해 개별 연락합니다.(면접 시간 및 장소)
※전화번호가 불명확하여 면접 통보가 되지 않는 것은 지원서 작성자 본인 책임입니다.
※본 영화 제작팀은 정규/자율 동아리로 등록하지 않습니다. 본 영화 제작팀의 활동은 정규/자율 동아리와는 별도로 운영할 예정이므로 학교생활기록부의 '자율활동'란에 활동 내역을 기록합니다.

문의: 구지경T.

은 스태프를 중심으로 모집한다. 감독, 조연출, 촬영, 작가, 조명, 음향, 미술, 진행, 편집 등 필요한 분야와 인원을 명시하면 된다. 이때 한 분야에 다수의 학생이 지원할 경우 면접이나 실기 능력을 통해 선발하고, 탈락했을 경우 본인 선택에 의해 타 분야로 변경하여 지원하도록 기회를 주는 것이 좋다. 보통 영화 창작 동아리에 지원하는 학생들은 누구보다 영화제작에 대한 열정을 가지고 있기 때문에, 자신의 재능을 가장 잘 발휘할 수 있다고 생각하는 분야에서 기회를 잃었을 때 다른 분야를 통해서라도 영화제작에 참여하여 열정을 드러낼 수 있는 기회를 주는 것이 학생의 자존감을 세워 주는 교육적인 방법이기 때문이다.

동아리원이 모집되고 역할이 정해지면 호칭을 정리할 필요가 있다. 호칭은 '감독님', '촬영감독님', '조명감독님' '○○○ 배우님' 등 '~님'으로 통일하는데, 이는 상대에 대한 존중의 의미이자 역할에 대한 책임감을 심어 주기 위해서다. 기획 회의부터는 감독의 역할이 중요하다. 지도 방향에 따라 지도교사가 학생들을 이끌 수도 있지만 큰 틀의 주제나 형식을 정하는 과정의 결정권은 감독에게 주는 것이 좋다. 청소년 주도형 교육영화 제작은 여기서부터 시작되기 때문이다.

기획하기

스태프 모집이 끝나면 제작 기획 단계로 들어간다. 기획 단계에서는 주제와 기획 의도, 장르, 활용 방안, 로그라인 등을 결정해야 한다. 교육영화의 주제는 청소년들이 평소 문제의식을 가지고 있는 것이나 교육과정 안에서 다룬 주제를 심화·탐구할 만한 것, 청소년들의 재치 있는 아이디어를 영상으로 표현할 만한 것 등 시의성 있는 다양한 영역의 주제를 설정할 수 있다. 한동안 가장 많이 등장했던 주제로는 학교폭력, 집단 내 따돌림, 청소년 자살, 학생인권, 성적, 반장 선거, 청소년 연애 등 생활 밀착형 주제들이 있었고, 상업영화의 영향을 받아 좀비물이 유행처럼 등장한 적도 있었다. 한편 청소년들이 가장 가까이에서 접할 수 있는 지역의 문화유산들도 교육영화의 좋은 소재가 된다. 지역의 전설, 지역을 대표하는 역사적 인물, 지역 문화재, 관광자원 등은 지역 특색을 드러내기에 적합하다. 이들을 소재로 활용하면 물리적 거리에 비해 지역 주민들의 관심도가 떨어졌던 현실을 되돌아보는 기회가 되어 오히려 참신하게 느껴질 수도 있다.

청소년들이 제작하는 교육영화는 무엇보다도 영화를 통해 전달하고자 하는 메시지가 큰 역할을 한다. 교육영화를 만드는 데에는 상업영화 수준의 뛰어난 촬영과 편집 기술이 필요하지 않다. 중요한 것은 상업영화가 표현할 수 없는 그 나이 또래들의 생각과 고민, 갈등, 기발한 사고를 담아내는 것이다. 영화제작 기술은 이후에 익혀도 늦지 않다. 영화를 만들고자 하는 청소년들에게 질문을 던져 보자. 영화를 통해 무엇을 이야기하려고 하는지, 왜 영화를 통해 이야기하려고 하는지, 왜 그 이야기를 하려고 하는지, 그리고 이 영화를 만드는 이가 왜 자신이어야 하는지 말이다.

제작하는 교육영화 활용 계획도 기획 단계에서 고민해 보아야 한다. 제작 자체에 의미를 두고 작품을 완성하는 것으로 마무리할 것인지, 각종 영화제에 출품하여 평가를 받아 볼 것인지, 학교나 기관에 제공하여 교육자료로 활용할 것인지를 염두에 두고 제작 방향을 결정하는 게 좋다. 목적에 따라서 주제를 비롯한 제반 여건들이 달라질 수 있기 때문이다. 예를 들면 국내 영화제에 출품하는 경우 자막의 유무에 특별히 제약을 두지 않지만 국제영화제에서는 일반적으로 영어 자막이 필수로 요구된다. 제작 과정 자체를 경험해 보는 상황이라면 스마트폰으로만 촬영해도 충분하겠지만 영화제 출품이나 교육자료 활용을 목적으로 한다면 화질이 좀 더 좋은 카메라를 사용하는 것이 좋다.

시나리오 작성

주제가 정해지고 제작 방향이 결정되면 시나리오 작성에 들어간다. 보편적으로 시나리오는 '로그라인-시놉시스-트리트먼트-시나리오' 순으로 완성된다. 로그라인logline은 영화를 요약한 한두 줄 정도의 짧은 문장으로, 영화 전체를 관통하는 핵심을 담고 있어야 한다. 봉준호 감독의 영화 〈기생충〉은 '닮은 듯 다르고 다른 듯 닮은 두 가족의 이야기를 통해 현대를 사는 우리들의 모습을 흥미진진하게 그려 낼, 좀 이상한 가족 이야기'라고 표현하고 있다. 쉽게 말해 로그라인은 관객에게 소개하는 간략한 영화 줄거리라고 보면 된다. 로그라인이 완성되면 시놉시스를 만든다. 영화나 드라마의 줄거리를 뜻하는 시놉시스synopsis는 원래 줄거리를 비롯해 기획 의도, 주제, 배경과 인물 소개까지 작품 전반의 내용을 포괄하는 개념이었다. 그런데 최근에는 '영화의 줄거리' 정도로 간단하게 쓰이는 경향이 있다.

시놉시스에는 등장인물과 사건, 배경이 모두 드러나야 하며 시드 필드Syd Field의 견해처럼 설정Setup-대립Confrontation-해결Resolution의 3단 구성이나 기-승-전-결의 4단 구성으로 이루어지는 것이 일반적이다. 중요한 것은 이 구성의 단계를 이끌고 있는 인물character이나 사건event, 갈등conflict이 명료해야 한다는 것이다. 인물 중심의 스토리는 인물의 성격과 그를 중심으로 일어나는 갈등 상황(내적갈등, 외적갈등)이 주가 되는데, 특히 인물의 성격이 사건 전개에 매우 중요한 역할을 한다. 고전소설 중에서 인물전의 형태를 띠고 있는 경우가 이에 해당하는데, 인물이 가진 특별한 캐릭터가 이야기의 전반을 지배하면서 전개되는 특징이 있다. 인물 중심 스토리에는 심각한 갈등 양상이 나타나지 않고 인물의 내면이나 인물 주변의 상황이 잔잔하게 그려지기도 한다.

반면에 사건 중심 스토리는 특정 갈등 상황의 설정이 영화를 관통하며 이야기가 전개된다. 주동인물과 반동인물 사이에 극한 대립이 일어나거나 주동인물이 부조리한 사회나 제도와 싸워 승리하는 구조이다. 교실 안에서 벌어지는 친구와의 갈등이나 성소수자를 바라보는 사회적 편견과 싸워 나가는 청소년의 이야기 등이 사건 중심

스토리이다.

시놉시스가 완성되면 트리트먼트Treatment를 작성한다. 트리트먼트는 신별로 정리된 시나리오의 요약본으로, 시놉시스보다 상세하게 작품의 전반적인 흐름과 구성, 인물의 관계, 배경, 간략한 대화 등으로 구성한다. 주로 영화제작 기획 단계에서 아이디어를 구체화하거나 작품 제작을 위한 계약 등에 사용하기 때문에 청소년 창작 영화에서 트리트먼트를 자주 사용하는 편은 아니다.

시놉시스와 트리트먼트가 완성되면 본격적으로 시나리오를 작성한다. 영화 창작 동아리에서 시나리오를 작성하는 방법은 크게 세 가지가 있다. 첫째, 시나리오를 담당하는 학생이 단독으로 작성하는 방식이다. 단독 집필을 할 경우 갈등과 사건 전개에 일관성이 있어 시나리오를 수정할 때도 혼란이 적다. 집필자의 역량에 따라서는 에피소드나 사건 전개가 좀 단조로울 수 있다는 단점이 있다. 두 번째 방법은 복합 집필 방식으로, 시나리오 담당 학생이 기본 시나리오를 작성하고 동아리 학생 전체가 모여 기본 시나리오를 보충하는 방식이다. 스토리가 풍부해지고 집단의 아이디어가 가미되어 관객의 공감대를 높일 수 있다는 장점이 있다. 마지막으로 합동 집필 방식이 있다. 주제의 결정부터 시놉시스 작성, 시나리오의 완성까지 동아리 학생 모두가 참여하는 방식이다. 각자가 생각하는 주제를 제시하고 투표를 통해 주제를 결정한 후 시놉시스를 만들고, 트리트먼트와 시나리오를 작성한다. 이때 시나리오는 신별로 그룹을 만들어 작성한 것들을 모아 완성한다. 이 집필 방식은 한 사람도 예외 없이 시나리오 작성에 참여한다는 장점이 있지만 각 신별로 상황 구성이나 대화 표현에 차이가 생길 수 있고, 개인 또는 그룹의 능력에 따라 신별 격차가 심하게 날 수 있다는 단점이 있다.

대부분의 영화가 그렇겠지만 특히 청소년영화의 시나리오 완성도가 전체 제작 완성도의 절반 이상을 좌우한다. 소재의 참신성이나 표현의 독창성, 그 세대만의 시각으로 풀어낼 수 있는 사건 전개의 구성력으로 청소년영화의 기술적 취약성을 충분히 보완할 수 있기 때문이다. 그래서 시나리오 작성을 지도할 때 교사의 역할이 그 무엇보다 중요하다. 시나리오 작성 단계에서 교사는 소크라테스의 문답법에서 이야기한 '산파'의 역할에 충실해야 한다. 교사는 시나리오를 구상하고 작성하는 아이들에게 "그래서?"와 "왜?"라는 질문을 지속적으로 던져 주어야 한다. 그렇게 해야 아이들은 스스로 고민하며 그 질문에 답을 하는 과정 속에서 참신성과 독창성을 발현할 수 있고, 사건 전개의 논리성도 확보할 수 있다.

배우 모집과 장소 섭외

시나리오가 완성되면 연기자를 모집해야 한다. 시나리오 상황에 적절한 배우를 모집해야 영화의 완성도를 높이고 영화를 효율적으로 제작할 수 있다. 청소년 창작 영화의 배우들은 주로 주변에서 모집하는데, 이 방법이 동아리 운영에도 유리하다. 학생들 중에는 연기에 관심이 있거나 재능 있는 아이들이 많다. 이 학생들을 대상으로 오디션을 통해 선발해도 좋고, 적임자가 있으면 곧바로 캐스팅하는 것도 괜찮다. 학생뿐만 아니라 교사, 교직원, 학부모, 다른 학교 학생 및 교직원 등 배우를 다양하게 모집할 수 있다. 배우 모집은 섭외 담당 학생과 행정 처리를 도울 지도교사가 함께 하면 된다. 시나리오 내용 때문에 지역 주민이나 다른 학교 학생이 배우로 필요한 경우도 있다. 예를 들어 초등학생들의 이야기를 영화로 만들 때 고등학생이 초등학생 역할로 등장하면 매우 어색하다. 따라서 시나리오 내용에 맞게 인근 학교 초등학생과 교사, 학부모를 섭외하여 자연스러운 장면을 연출하도록 한다.

시나리오를 작성할 때 특정 배우를 상상하면서 그 배우의 목소리와 행동적 특성을 작품 안에 녹여내면 조금은 쉽게 시나리오가 나오기도 한다. 그만큼 배우의 역할이 중요하다. 그런데 갑자기 배우가 바뀐다면 시나리오 수정이 불가피하다는 것이 단점이다. 만약 남자 주인공으로 설정하고 특정 배우를 감안하여 시나리오를 완성하였는데, 배우의 개인적인 사정으로 갑자기 주인공을 여자 배우로 변경해야 한다면 대본은 전반적으로 수정되어야 하는 것이다.

한편 영화 촬영을 위해서는 상황에 맞는 촬영 장소가 필요하다. 청소년영화의 배경이 대부분 '학교'인 이유는 특별한 대관 절차 없이 촬영할 수 있기 때문이다. 문제는 제재의 한계 속에서 스토리가 매우 단조로워질 수 있고, 다른 청소년영화들과 별로 차별성이 없어진다는 점이다.

촬영 장소로 지역의 다양한 시설이나 의미 있는 장소를 활용한다면 영상의 생동감과 사실성을 부각할 수 있다. 특히 역사적 고증이 필요한 작품이라면 기존 영화나 드라마 세트장을 대여하여 사용할 수 있다. 사설 스튜디오의 경우 고액의 대여료를 요구하는 경우도 있는데, 학생들의 교육활동임을 강조하여 협의하면 저렴한 비용으로 사용할 수도 있다. 공공 박물관 같은 시설을 이용하는 것도 좋은 방법이다.

대본 리딩과 리허설

보통 청소년영화의 배우는 전문 배우가 아닌 또래 청소년이나 주변의 일반인들이기 때문에 시나리오 단계에서 계획했던 수준의 연기를 기대하기는 현실적으로 어렵다. 카메라 앞에 서는 것 자체가 부담일 수 있는 일반인들을 가장 자연스럽게 영상에 담는 방법은 연습뿐이다. 소위 '국어책 읽듯이' 대사를 하는 연기는 말 그대로 어색함 그 자체이므로, 연기의 출발점인 대본 리딩 과정에서부터 실제 촬영과 똑같이 감정이 실린 대본 읽기 연습을 해야 한다. 눈물을 흘려야 하는 장면이라면 대본 리딩 과정에서도 실제로 감정을 잡고 눈물 연기를 해야 한다. 그렇게 연습해도 실제 촬영 현장에서는 표현해야 하는 감정의 절반 정도밖에 표현하지 못한다. 청소년 영화제작 과정에서 시간에 쫓기거나 다른 이유 등으로 대본 리딩이 잘 안되는 경우가 종종 있는데, 이는 절대 소홀히 해서는 안 되는 과정이다.

리허설은 최소 두 번 이상 진행해야 한다. 한 번은 연습실에서, 다른 한 번은 촬영장에서 해야 한다. 연습실에서는 상대 배우와 동선에 맞추어 연습해야 현장에서 어색하지 않다. 사실 그렇게 연습해도 막상 촬영 현장에서 카메라가 돌아가기 시작하면 몸과 입이 굳어 버리기 일쑤다. 리허설 과정에서는 감독의 역할이 특히 중요한데, 감독은 배우의 연기에 반드시 피드백을 해야 한다. 감독의 연출 의도가 얼마나 잘 표현되었는지 배우에게 이야기하고 요구 사항도 전달해야 한다. 배우에 대한 감독의 요구 사항은 상세할수록 좋다. 두루뭉술하게 이야기하는 것은 배우에게도 작품의 완성도를 위해서도 바람직하지 않다. 한편 작품의 완성도를 위한 것이라는 점에 동의할 때 배우는 감독의 요구 사항을 반드시 따라야 한다. 이때 지도교사의 역할이 매우 중요하다. 영화제작 전 과정에서 감독의 역할이 가장 중요하고 감독에게 힘을 실어 주어야 하듯이 리허설 과정에서 교사의 눈에 불만족스러운 상황이 보이더라도 교사가 직접 의견을 내기보다 가급적 감독의 입을 통해 전달하도록 해 상황을 정리하는 것이 좋다. 교사의 지적이 자칫 야단치는 모양새가 될 수 있기 때문이다. 더불어 이때 촬영 팀의 카메라 테스트도 함께 이루어지는 것이 좋다. 흔히 '콘티'라고 부르는 콘티뉴이티에 따라 촬영하더라도 돌발적인 상황이 벌어질 수 있고 촬영 여건도 계획과 달라질 수 있기 때문이다. 아무튼 연습은 많이 할수록 좋다.

장비 점검과 소품, 의상 준비

연출부에서 배우들과 연기 연습을 하는 동안 촬영부에서는 카메라, 조명, 음향기기 등을 점검해야 한다. 청소년 영화제작 과정에서는 촬영 여건에 따라 스마트폰, 캠코더, 미러리스 카메라, DSLR 카메라, 시네마 카메라 등 다양한 종류의 카메라를 사용한다. 동시녹음을 위해서도 샷건마이크, 붐마이크, 무선 핀마이크와 녹음기 등을 사용하며 조명 역시 여러 종류의 기기를 사용한다. 중요한 것은 각각의 장비에 대한 정확한 사용법을 사전에 익혀 두어야 한다는 점이다. 예를 들어 자동으로 초점을 잡아 주는 스마트폰이나 캠코더와는 다르게 렌즈 교환식 카메라들은 일반적으로 수동 초점을 기본으로 하기 때문에 초점 맞추기에 익숙해야 한다. 또한 프레임레이트Frame rate를 결정하고 이에 맞는 셔터 스피드를 설정해야 화면의 오류를 최소화할 수 있다. 카메라 점검에서는 여분의 배터리와 메모리 준비도 중요하다. 실제 촬영에서 어떤 상황이 벌어질지는 아무도 알 수 없다. 마이크와 녹음기의 사용도 마찬가지다. 붐마이크가 적합한 상황인지, 무선 핀마이크를 사용해야 하는지 등 촬영장 상황을 면밀하게 점검해야 한다. 현장 소음 상황도 살펴야 한다. 주변에 소음 발생원이 있을 경우 촬영장을 변경하거나 소음이 적은 시간대로 변경하는 방안을 고려해야 한다.

시나리오가 나오면 미술 팀에서는 소품과 촬영장 세팅을 준비해야 한다. 각 신별로 필요한 소품, 분장 계획이 필요하다. 일부 소품은 직접 만들어야 하는 경우도 있고 촬영 일정에 맞추어 긴급하게 주문해야 할 수도 있다. 어떤 경우에는 NG 상황을 고려해 여분을 추가로 준비해야 한다. 촬영이 시작되고 소품이 훼손되는 장면을 촬영한다면, 재촬영이 필요할 수도 있는 상황까지 예상해 소품을 미리 넉넉히 준비해야 순조로운 촬영이 가능하다. 또한 시대적 고증이 필요한 의상이나 소품들을 준비하는 것 역시 작품의 완성도를 높이기 위해 반드시 필요한 과정이다. 최근에는 시대 상황에 맞는 의상과 소품을 대여해 주는 온라인 업체들이 있어서 촬영 일정에만 맞게 대여하면 편리하게 이용할 수 있다. 소품을 직접 제작해 보는 것도 교육적으로 매우 바람직하다. 청소년들에게는 시대적으로나 상황적으로 소품을 준비하면서 간접경험이 되기도 하고 자신의 재능을 펼쳐 볼 기회가 되기도 한다. 예를 들어 '은행 채무이행 독촉장'을 소품으로 만들어 본다면 낯선 양식에 대한 경험, 실제와 최대한 똑같이 만들어 보는 모사 체험, 독촉장을 받는 사람의 심정에 대한 이해 등 다양한 경험이 가능한 것이다.

시나리오에 따라 다르겠지만, 청소년 제작 영화에서 일반 분장은 크게 신경 쓸 일이 없다. 다만 특별한 분장이 필요한 상황, 가령 좀비 관련 장면의 분장에서 칼에 베이거나 살이 패이는 등의 상처를 표현할 때는 인공혈액이나 실리콘 등의 재료를 준비해야 한다. 분장보다 더 신경 써야 할 것은 의상이다. 시나리오 신리스트를 재구성하다 보면 같은 날짜가 아닌데 같은 장소일 때가 있다. 이때는 배우의 의상을 다르게 준비하여 다른 날이라는 것을 나타내야 한다. 이때에도 촬영장 전경, 소품, 소품의 위치, 배우 의상 등을 꼼꼼하게 사진으로 남겨 놓아야 한다. 배우의 사진은 앞모습, 옆모습, 뒷모습까지 모두 촬영하고, 메거나 들고 있는 소품, 장식 등의 정확한 위치도 모두 사진으로 남겨야 한다. 추가 촬영이나 재촬영 상황이 왔을 때 자료 사진을 보고 준비해야 하기 때문이다.

신 리스트 재구성, 촬영 일정표 작성

촬영에 들어가기 전에 촬영 일정에 대한 계획을 세워야 한다. 배우들의 일정, 스태프 학생들의 활동 가능 날짜를 확인해서 전체 촬영 일정을 세운다. 먼저 시나리오 분량에 따라 전체 촬영일을 잡고 날짜별로 촬영 신을 재배열해야 한다. 신 리스트는 촬영 장소별로 배열한다. 동일한 장소에서 촬영해야 할 장면들을 모아 같은 날 촬영해야 효율적으로 진행할 수 있다. 동일 촬영 장소는 다시 시간대별로 순서를 정해 촬영하고, 부득이하게 촬영 진행이 늦어질 경우를 대비하여 여유 있게 촬영 시간을 확보하는 것이 좋다.(실제로 학생들은 여러 모로 미숙한 부분이 많아서 준비부터 카메라 리허설, 실제 연기, 촬영 등에 생각보다 긴 시간이 필요하다. 한 신을 준비해서 촬영을 마치는 데까지 평균 2시간 정도 소요된다.)

촬영 일정표를 만들어 놓으면 전체 일정이 일목요연하게 정리되어 참여하는 학생들이 자신의 개인 일정을 조율하기 편하고, 갑작스럽게 닥치는 상황에도 빠르게 대처할 수 있다. 촬영 일정표에는 촬영일, 촬영 시각, 촬영 신, 장소, 등장인물, 준비물(소품), 필요 인원, 이동 수단, 예산 지출 계획 등을 넣어 작성한다. 사전 섭외된 장소는 촬영 전에 다시 한 번 확인하고, 준비물(소품)도 반드시 체크하여 빠뜨리지 않도록 한다. 무엇보다 예정된 촬영 시각에 배우와 스태프가 빠짐없이 참석하여야 하므로 콜타임call time을 반드시 지키도록 지도해야 한다. 모든 촬영장에 모든 스태프가 필요한 것은 아니다. 촬영장 여건에 따라서는 최소 인원의 스태프만 필요할 때도 있다. 이때에는 필수 인원만 참석하도록 하는데, 필수 인원 선정 권한은 감독

2023학년도 영화창작동아리 '흰바람벽' 촬영 일정 및 예산 사용 계획
가제: 누가 뭐라든 너는 소중한 존재

감독: 고가경 / 각본: 황재경 / 제작총괄: 구지경

촬영일	신(S#)	촬영 시작	촬영 장소	등장 인물	준비물	이동 수단	인원	예산 지출계획	계
2023-07-20	S#1	08:30	카페 아디스프라운	사장, 수연, 연우, 정우, 여자손님, 여자손님일행(1~2명), 손님들(7명)	책, 커피, 반짝거리는 구슬팔찌, 츨롤찌(페페르무어), 가발(에코백)		스태프 14명 배우 5명 조연 9명	식비 8,000원*38명=304,000원 / 간식비 8,000원*38명=114,000원 / 커피 7,000원*10명=70,000원 / 츨롤찌 10,000원*1개=10,000원 / 팔찌 20,000원*2개=40,000원	538,000
2023-07-20	S#5	15:00	호서고 음몰장	수현	가발, 덤블러, 폰		스태프 14명 배우 1명 조연 0명	배우 의상 100,000원*3=300,000원 / 생수 500원*20명=10,000원	310,000
2023-07-20	S#3	16:30	호서고 봉교무실	교장선생님, 학부모1, 학부모2, 학부모3, 학부모4, 교무실 선생님들4	비타오백 한 박스		스태프 14명 배우 6명 조연 4명	비타오백 15,000원*1명=15,000원	15,000
2023-07-24	S#2	10:30	호서고 봉교무실	선생님, 연우, 교무실 선생님(3~4명)	교과서, 수업 자료, 정우 수업 영상		스태프 14명 배우 2명 조연 4명	식비 8,000원*45명=360,000원 / 간식비 8,000원*45명=135,000원 / 생수 500원*20명=10,000원	505,000
2023-07-24	S#4	12:30	연우 교실(앙山己)	선생님, 연우, 남학생1, 교실 학생들과 남학생 우리(16명)	PPT화면, 교과서, 필통	버스	스태프 14명 배우 3명 조연 15명	버스 450,000원	450,000
2023-07-24	S#9	14:00	당진교육청 민원실 앞 복도	연우, 아이들(4명)	토끼 인형		스태프 14명 배우 1명 조연 4명	토끼인형 28,000원*3=84,000원 / 고양이인형 12,000원*1=12,000원	96,000
2023-07-24	S#12	15:30	당진초 골목, 포모홀 하늘째 아파트 놀이터	연우, 아이, 아이들(3명)	토끼 인형 3개(팔 떨어지는 토끼, 수염이 붙고있는 토끼), 고양이 인형 1개		스태프 14명 배우 2명 조연 3명		
2023-07-25	S#8	10:00	당진교육청 교육台	수현, 장학사	음료수 병		스태프 14명 배우 2명 조연 0명	음료수 15,000원*1박스=15,000원	15,000
2023-07-25	S#10	10:00	당진교육청 교육台	수현, 장학사	음료수 병		스태프 14명 배우 2명 조연 0명		
2023-07-25	S#11	10:00	당진교육청 민원실 앞 복도	수현	토끼 인형		스태프 14명 배우 1명 조연 0명		
2023-07-25	S#6	13:30	당진교육청 주차장	수현, 연우	토끼 인형		스태프 14명 배우 2명 조연 0명	식비 8,000원*30명=240,000원 / 간식비 3,000원*38명=114,000원 / 생수 500원*20명=10,000원	364,000
2023-07-25	S#7	13:30	당진교육청 민원실 앞 복도	수현, 연우	토끼 인형		스태프 14명 배우 2명 조연 0명		
2023-07-25	S#13	15:00	당진초 교통 슈퍼	수현, 연우	쌍쌍바, 토끼 인형, 팔 하나가 떨어진 토끼인형		스태프 14명 배우 2명 조연 0명	쌍쌍바 1,000원*6개=6,000원	6,000
									2,299,000

에게 주어야 한다. 한편 촬영 일정표를 학생들에게 나눠 줄 때에는 예산 지출 계획 부분을 삭제하고 나눠 주는 것이 좋다.

촬영

촬영 준비가 끝나면 본격적인 촬영에 들어간다. 스태프는 촬영장에 장비와 각종 소품 등의 세팅을 끝내고 배우를 맞이해야 한다. 이때 배우들은 분장을 하고 의상을 점검한다. 그래서 촬영장 콜타임은 촬영 시작보다 최소 한 시간 전으로 지정한다.

배우들은 감독의 지시에 따라 리허설을 한다. 동선과 대사를 맞춰 보고, 카메라를 돌려 카메라 리허설을 또 한 번 한다. 특히 연기를 처음 해 보는 배우들이라면 최대한 편안한 분위기를 만들어 주어 자연스러운 연기가 되도록 주변에서 도와주어야 한다. NG가 거듭될수록 배우는 더 경직되기 때문이다. 모든 준비가 끝나면 감독은 촬영 사인을 준다. 대략적인 순서를 보면 다음과 같다.

> 감독 : "촬영 들어갑니다."
> 감독 : "카메라!"
> 촬영감독 : "롤링"
> 감독 : "사운드!"
> 음향감독 : "스피드"
> 슬레이터 : "신-컷-테이크" (순서대로 외치고 슬레이트를 친다.)

감독 : "레디, 액션!"

배우 : 3초 후부터 연기 시작

감독 : (연기가 끝나면, 3초 후) "컷!"

배우가 감독의 사인 3초 후부터 연기를 해야 하는 이유는 편집점을 잡기 위해서이다. 감독의 "액션!" 소리와 동시에 연기를 시작하면 감독의 목소리와 배우의 연기가 섞인다. 끝나는 부분도 마찬가지다. 그래서 배우의 연기는 감독의 사인 후 3초 정도 여유를 두고 시작하고, 연기가 끝날 때에도 흐트러지지 않게 잠시 그 상태를 유지하는 것이 좋다. 특히 끝날 때에는 감독이 3초 정도의 여유를 두고 "컷!" 사인을 주는 것이 중요하다.

한 컷을 촬영하고 나서 감독은 촬영감독이나 조연출과 촬영된 영상을 보고 문제가 있는지 살펴서 다시 촬영할지 아니면 다음 컷으로 넘어갈지를 결정한다. 문제가 있는 연기나 상황이 발견되면 감독은 원하는 방향으로 반드시 수정 요청을 해야 한다.

카메라를 삼각대에 고정하여 촬영하거나, 짐벌에 달아 움직이며 촬영하거나, 손으로 들고 촬영하는 방법 등이 가장 보편적이다. 처음 촬영을 시작하는 청소년들에게는 가급적 카메라를 삼각대에 고정하여 촬영하는 습관을 들이도록 하는 것을 권장한다. 짐벌을 이용하거나 손으로 카메라를 들고 촬영하는 핸드헬드handheld는 현장감이 있다는 장점이 있지만 카메라가 배우의 동선을 따라가려는 습관이 생기고 심하게 흔들리는 단점 때문에 화면이 어지럽고 산만한 느낌이 들어 꼭 필요한 경우에만 사용하는 것이 좋다.

청소년들이 영화를 촬영할 때 가장 힘들어하는 것 중 하나가 동시녹음이다. 특히 야외촬영을 할 때나, 실내라도 소음 발생원이 있을 때 어떻게 대처할지 몰라 곤란해 하는 경우가 많다. 야외의 경우 강한 바람 소리, 여름에 집중적으로 울어대는 매미 소리는 청소년들 입장에서는 극복이 거의 불가능한 방해 요소이다. 실내의 경우도 업소용 냉장고 소음, 건물 공사로 인한 동일 파장의 반복적 소음이 대표적인 방해 요소이다. 물론 지향성마이크나 윈드실드커버를 이용하거나 편집 과정에서 소음을 제거해 주는 프로그램을 사용하기도 하지만 근본적인 문제 해결은 안 된다. 그래서 촬영 장소를 섭외하거나 선택할 때, 소음원의 여부를 반드시 확인해야 한다.

촬영에 큰 영향을 주는 또 다른 요인이 날씨이다. 청소년들, 특히 학생들은 주로 방학을 이용하여 영화를 촬영하는 경우가 많다. 그런데 우리나라 학교의 방학은 극단적으로 덥거나 추운 여름과 겨울이라 계절감을 드러내는 영화가 아니라면 촬영 여건이 가장 안 좋은 시기이다. 가을이나 겨울에 주로 열리는 영화제, 학교 내 발표회를 위해 촬영하는 영화는 대부분 여름방학을 촬영 기간으로 잡는다. 그러다 보니 악천후 속에서 촬영을 하거나 변덕스러운 일기 문제로 촬영이 지연되거나 취소되는 경우가 허다하다. 실내 촬영이라 해도 소음 문제로 무더운 여름에 에어컨을 꺼야 하는 상황이 발생하고, 야외촬영 날 갑자기 소나기가 내려 촬영이 취소되기도 한다.

촬영 단계에서는 배우의 연기를 촬영하는 메인 카메라만큼이나 촬영장 전체를 스케치하는 메이킹 촬영도 중요하다. 상영회장에서 스크린에 얼굴을 비치는 것은 일부 배우들뿐이다. 영화 한 편이 만들어지는 전 과정을 함께한 스태프 한 사람 한 사람의 노력이 아니라면 영화는 완성될 수 없다. 그 스태프들의 노력을 기억하고 현장에 대한 기록의 의미로 메이킹영상은 매우 가치 있고 꼭 필요하다. 또한 교육영화는 제작 과정 하나하나가 수업이고 교육이기 때문에 다음 작품 제작이나 교육을 위한 자료로서의 가치도 충분하다.

전체 촬영 과정에서 조연출의 역할도 매우 중요하다. 감독이 작품 연출에 집중하기 위해서는 조연출이 전체 진행을 원활하게 해 주어야 한다. 촬영 일정 조정, 촬영을 위한 실무적 진행, 배우들과의 소통, 배우 및 스태프 간식 준비 등 촬영장에서 가장 바쁘게 움직이는 사람 중 하나가 조연출이다. 사실 청소년 제작 영화에서 감독이라고는 하지만 경험이나 지식 등 여러 가지가 부족한 상황이기 때문에 조연출과의 손발을 잘 맞추고 서로 의지해야 제작 과정이 순조롭다. 서로 많은 의견을 나눌수록 영화의 질은 높아진다.

편집

촬영이 끝나면 촬영한 영상을 편집하는 과정으로 들어간다. 촬영한 모든 영상을 붙여서 영화로 만들 수는 없고, 영화의 설계도라 할 수 있는 시나리오에 충실하게 촬영한 영상을 자르고 붙여 이야기를 만들어야 영화가 완성된다. 컷 편집을 하고 시퀀스를 만들어야 비로소 영화의 윤곽이 드러난다. 영화 편집에서 가장 기본이 되는 단위는 숏shot이다. 그래서 영화 편집은 숏을 연결하는 것에서부터 시작된다. 한마디로 영화는 숏의 연속이다. 촬영 과정에서 하나의 숏을 촬영하는 데 수많은 시도take를 했으며 감독의 의도를 가장 잘 표현한 장면이 OK 사인을 받는다. 물론 NG 장면이라 하더라도 편집 과정에서 모두 버려지는 것은 아니다. keep 사인을 받은 장면과 함께 편집에서 유용하게 사용되는 경우도 많다.

청소년 제작 영화의 편집은 가장 손쉽게 접근할 수 있는 프로그램을 사용한다. 일반적으로 가장 많이 사용하는 프로그램이 프리미어 프로Premiere Pro, 파이널 컷 프로Final Cut Pro, 무비 메이커Movie Maker, 파워 디렉터Power Director, 곰 믹스GOM Mix, 다빈치 리졸브DaVinci Resolve 등이고, 스마트폰 어플로는 키네마스터KineMaster, 필모라Filmora, 비바 비디오Viva Video, 블로VLLO, 파워 디렉터Power Director, 아이무비iMovie 등이 있다.

청소년들에게 편집을 가르쳐 줄 때 크게 두 가지에 집중하도록 한다. 하나는 영상을 이어 붙였을 때 이야기가 되는가, 다른 하나는 붙인 영상의 동작이 자연스러운가이다. 편집의 성공 여부는 여기에서부터 시작된다. 어떤 사람들은 편집프로그램을 잘 다루어 다양한 효과나 보정 기술을 사용하는 것에 집착한다. 마치 촬영 과정에서 고급 촬영 기기를 사용하는 것에 집중하는 모습과 같다. 그러나 그것은 본질에서 벗어난 지엽적인 문제이다. 편집은 프로그램을 잘 다루는 기술technique과 관객의 마음을 움직이게 만드는 예술art의 결합체이다. 보통 청소년 영화제작 과정에서 편집은 '편집프로그램을 잘 다루는 아이'나 '편집용 컴퓨터를 소유하고 있는 아이'가 담당한다. 그러다 보니 촬영 영상에 갖가지 기교를 부려 기계적으로 이어 붙인 무미건조한 영상이 나오기도 한다. 그 영상을 보는 일부 사람들은 화려한 기교에 감탄한다. 하지만 기술만 있고 감동과 예술이 없는 영화는 영화가 아니다. 편집된 영상을 보고 이야기에 몰입하고 인물에 공감하며 주제를 수용하는 감상자의 변화가 나타나야 비로소 영화라고 할 수 있다. 감동과 예술이 있는 영화를 만들기 위해서는 편집 과정에 기술뿐 아니라 예술적 역량을 발휘하기 위한 음악과 미술, 다양한 효과도 필요한 것이다.

영화음악

영화가 종합예술이라고 평가받는 이유는 시나리오 내용에 따른 배우의 연기로 끝나지 않기 때문이다. 영화는 시나리오 작성부터 배우의 연기, 촬영 기술, 촬영장을 꾸미고 소품을 준비하는 미술, 배경음악, 편집에 이르기까지 예술의 전 영역이 활용된다. 영화에 사용되는 음악은 스토리의 깊이를 더해 주고 영화 장면의 분위기를 강조한다. 또한 등장인물의 심리를 표현하는 데 중요한 요소로 사용되기도 한다.

영화음악을 준비하는 방법은 크게 세 가지가 있다. 가장 좋은 방법은 음악을 직접 만들어 사용하는 것이다. 자작곡의 장점은 극중 상황을 가장 잘 알고 분위기에 맞는 음악을 만들어 활용할 수 있다는 점과 저작권을 걱정하지 않아도 된다는 점이다. 저작권의 경우 저작자와 연락이 닿지 않으면 저작권 사용료가 준비되어 있어도 사용할 수 없는 문제가 생긴다. 다음으로 무료 음원을 사용하는 방법이 있다. 인터넷에는 무료로 사용할 수 있는 음원이 꽤 많아서 이를 활용하면 저작권 문제나 청소년 자작곡이 가진 미숙함을 보완할 수 있다는 장점이 있지만, 무료 음원이기 때문에 같은 음악을 중복 사용한 각기 다른 영화가 우연히 같은 공간에서 상영될 경우 매우 민망한 상황이 벌어질 수 있다. 끝으로 저작권이 있는 기성 음악을 사용하는 방법이다. 저작권이 있는 음악을 사용하기 위해서는 한국음악저작권협회 홈페이지에서 신청서를 작성하여 메일로 제출하면 협회에서 해당 저작물의 저작자 연락처를 알려 준다. 메일이나 전화를 통해 저작자의 허락을 받고 허락 여부를 다시 협회에 통보한다. 저작권협회에는 사용 시간 및 방법에 따른 저작권료를 지불하고, 저작자에게는 저작자가 요구하는 저작인격권료를 지불해야 한다. 음악저작권협회의 메일에는 다음과 같은 문구가 있다.

※ 곡 사용 관련 유의 사항
① 저작인격권과 관련된 사항에 대해서는 사용자가 직접 저작자

(작사·작곡가)와 협의하여 정하도록 하며, 발생할 수 있는 모든 인격권 침해 분쟁에 대해 협회는 책임지지 않습니다.

② 본 승인으로 허락되는 권리는 저작자의 권리(저작권)입니다. 따라서 사용하는 특정 음원의 제작자 및 가수·연주자 등의 권리인 저작인접권까지 허락되는 것은 아님을 양지하여 주시기 바랍니다. 저작인접권과 관련한 사항은 아래 연락처로 문의하여 주시기 바랍니다.

저작권법을 위반할 경우 「저작권법」 제136조 ①과 ②, 제137조 ①과 ②, 제138조에 의해 처벌을 받을 수 있다. 영화제작 과정에서 저작권을 위반하는 또 다른 사례로 글씨체Font가 있다. 자막이나 엔딩 크레딧을 올릴 때 예쁜 글씨체를 사용하기 위해 불법으로 글씨체를 사용하는 경우가 있다. 이때는 반드시 무료 사용이 가능한 글씨체인지, 유료 글씨체인 경우 사용 허락을 어떻게 받아야 하는지 등을 알아보고, 유료인 경우 정당한 대가를 지불하고 사용해야 한다. 불미스러운 일이 벌어지지 않도록 하고, 무엇보다도 타인의 지식재산권을 보호해야 하므로 반드시 저작권법을 준수하도록 한다.

시사회와 평가회

청소년 영화제작 교육 강의를 가면 꼭 듣는 말이 있다.

"영화가 완성되면 반드시 시사회를 하시고 저도 꼭 불러 주세요."

영화제작 교육의 가장 큰 장점은 '활동 결과물'이 있다는 것이다. 어떤 활동은 체험 자체로 끝나는 것이 있고, 또 어떤 활동은 결과물이 나오지만 단시간에 사라지는 것도 있다. 그러나 영화제작 교육은 그 결과물이 반영구적으로 남는다. 또한 결과물을 다른 교육자료로 활용할 수도 있다.

제작한 영화는 가능한 큰 스크린에서 제작진과 함께 감상하는 것을 권한다. 편집을 하기 위해 보는 작은 모니터나 교실에 있는 텔레비전 정도로 볼 때와는 다르게 영화관 스크린으로 보면 그동안 보이지 않았던 것들이 눈에 들어온다. 스태프는 촬영과 편집 과정에서의 실수가 보이고, 배우도 자신의 연기에 대해 성찰할 수 있는 기회가 된다. 시사회에는 제작진과 지인, 가족을 초대하는 것이 좋다. 가족, 학교 선생님, 친구들을 초대해 그동안 어떤 활동을 하고, 이 영화를 통해 어떤 이야기를 하고 싶었는지 서로 이야기를 나누는 GV^{guest Visit} 시간을 가진다. 스태프로 활동했던 전원이 공식적으로 세상에 자신들의 얼굴을 공개하는 유일한 시간이기 때문에 지도교사는 학생들에게 반드시 이런 기회를 만들어 주어야 한다. 배우나 감독은 영화를 통해 자신들의 말을 할 기회가 많지만, 나머지 스태프에게는 이 자리가 자신을 드러낼 수 있는 유일한 기회이기 때문이다.

이 자리에 영화 관련 전문가가 동석하는 것도 좋다. 해당 분야 전문가로부터 조언을 듣고 영화를 일부 수정할 수도 있고, 다음 작품을 준비하는 과정에 도움을 받을 수도 있기 때문이다. 청소년 제작

영화는 실수를 되풀이하지 않고 몰랐던 것을 알아 가는 과정이 누적되었을 때 발전해 나갈 수 있다. 특히 영화 분야에 비전문가인 교사들이 학생을 지도하는 데는 한계가 있기 때문에, 전문가들로부터 제작 과정이나 결과물에 대한 평가를 받아, 더 나은 작품을 만들어 가는 발판으로 삼는 것도 필요하다.

영화제 출품

전국적으로 청소년 대상 영화제가 많다. 국내 영화제부터 국제영화제까지 청소년들이 참여할 수 있는 영화제가 연간 60여 개 이상 열린다. 청소년만을 위한 영화제를 비롯해 일반 영화제에 청소년 부문이 추가되는 경우도 있다. 교육청 차원에서 지역의 청소년들을 대상으로 영화 제작비를 지원해 주고 영화제를 운영하고 있는 지역도 있어 청소년 영화제작 교육 발전에 기여하는 바가 크다. 또한 일부 영화제는 특정 대학 특기자 전형 지원 자격이 주어지는 경우도 있어 고등학생들이 많이 참여하기도 한다. 몇몇 대학에서 청소년 영화제 작 활동이나 영화제 수상 실적을 입학 전형에 반영하는 것도 고무적 이라고 할 수 있다.

청소년 제작 영화를 영화제에 출품한다는 것은 청소년들이 본인 들의 능력을 검증받아 보겠다는 의지의 표현이다. 전국의 다양한 학 교급에서 다양한 학생들이 제작한 영화를 한자리에서 보고 평가받 는 것은 청소년들이 더 성장할 수 있는 도약의 발판이 된다. 우리가 미처 생각하지 못했던 주제, 너무 흔하다고 생각해서 쉽게 흘려버렸 던 이야깃거리, 우리가 늘 보았던 장면의 뒷모습, 뒤틀어 본 세상, 다 양한 촬영과 편집 기법 등 배울 것들이 차고 넘친다.

청소년들이 제작한 영화의 출품 목적을 '수상'에 두는 경우도 있 다. 수상까지 하면 더 좋겠지만 그 자체가 목적이 된다면 주객이 전 도되는 상황이 벌어진다. 우리가 학교에서 교육을 받는 이유가 상을 받기 위해서가 아닌 것처럼 영화제작 교육을 하는 이유도 영화제에 서 수상하기 위해서가 아니다. 영화를 만들어 보는 과정을 통해 배 움이 확장되고, 그 결과물을 평가받아 보면서 '수상'은 부수적으로 따라오는 결과여야 한다. 동기부여를 위해 가시적 목표를 갖는 것도 필요할 수 있지만 그런 것이 목적이 될 경우 과열의 문제와 함께 수 상을 못 했을 때의 좌절감, 자책이나 타인에 대한 원망으로 전이되는 부작용이 생길 수 있다. 그래서 지도교사는 영화제에 출품하더라도 출품 사실을 최대한 공개하지 않는 것이 좋고 결과가 나온 후에 통지하는 것이 좋다.

일부 지도교사들은 영화제 출품 후 수상 대상에 오르지 못하면 영화제에 초대받더라도 참석 자체를 거부하는 모습을 보이기도 한다. 영화제작의 목적이 '수상'에 있었지만 설령 수상하지 못했다 해도 더더욱 그 영화제에 참석하여 수상한 작품들이 어떤 이유에서 높은 평가를 받았는지, 본인이 지도한 작품은 어떤 이유로 선정되지 못했는지 직접 눈으로 확인해야 한다. 그러나 안타깝게도 그러한 노력 없이 바람직하지 않은 도달점을 향해 달리는 경우를 종종 본다. 지도교사들의 이런 모습은 그 교사에게 영화를 배우는 학생들에게도 안 좋은 영향을 줄 수밖에 없다. 영화제작 교육의 본질을 이해하고 주객이 전도되지 않는 방향으로 자리 잡기를 바란다.

제작비의 조달

어떤 예술 분야도 마찬가지겠지만, 특히 영화는 제작비가 없으면 작품을 만들어 낼 수가 없다. 기본적으로 촬영과 편집 장비가 있어야 하기 때문이다. 일부 교사는 개인이 소유하고 있는 촬영 장비나 편집 장비를 사용하기도 하는데 개인 비용을 들이는 데는 한계가 있고, 청소년들이 동아리의 장비들을 직접 사용하여 촬영하고 편집해 보아야 장비의 특성이나 소중함도 알고 좀 더 발전할 수 있는 기회가 된다.

청소년 제작 영화를 위한 제작비는 크게 세 가지 방법으로 마련해 볼 수 있다. 첫째, 교육청 지원금을 받는 방법이 있다. 충청남도교육청의 경우 2019년부터 예술교육지원사업의 일환으로 영화 창작 동아리를 지원하고 있다. 특히 예산 사용 항목에 특별한 제약을 두지 않는 기타운영경비로 지원하고 있기 때문에 본예산에 편성하여 3월부터 자유롭게 사용할 수 있다. 당진교육지원청의 경우, 목적사업비로 영화 창작 동아리 운영 학교를 추가로 지원하고 있어 청소년들의 영화 창작 교육을 적극 지원하고 있다. 둘째, 각종 공모 프로그램에 지원하여 제작비를 지원받는 방법이다. 예를 들면 부산국제어린이청소년영화제나 DMZ국제다큐멘터리영화제 등에서는 청소년들의 영화 창작 지원 프로그램을 운영하면서 제작비를 직접 지원하고 있다. 더불어 이 영화제들에서는 별도의 섹션을 준비해 청소년들이 제작한 영화를 상영하는 상영회를 열어 주고 있다. 영화 제작비를 지원받고 대형 스크린을 통해 자신들이 만든 영화를 볼 수 있는 기회까지 얻을 수 있는 것이다. 끝으로 각종 영화제에 출품하여 수상한 상금을 이듬해 제작비로 사용하는 방법이 있다. 물론 이 방법은 최초 제작비가 없다는 단점이 있으나 이 문제만 해결하면 영화 제작비를 자체 조달하는 가장 현실적인 방법이기도 하다.

2장

★ ★ ★ ★ ★

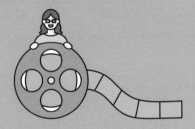

학교에서
영화 만들기

2장에서는 초등과 중등에서의 영화제작 과정에 대해 자세히 설명하고
자 한다. 초등 사례에서는 앞서 간략히 설명한 다양한 방식의 제작 방법
과 제작 과정에서의 유의점 등을 안내하고, 중등 사례에서는 실제로 제
작한 단편영화의 제작 과정과 에피소드를 소개한다.

01
학급 중심
교육영화

첫 영상 제작은 뮤직비디오로

영상 제작을 처음으로 경험하는 초등학생들이라면 뮤직비디오 만들기로 시작해 보는 것이 좋다. 영상은 시각Visual과 청각Audio으로 구성되어 있고, 모든 영상편집 프로그램들은 이 두 가지를 구분하여 창을 제공하는데, 이 두 가지가 결합되어야 온전한 시청각미디어가 된다. 뮤직비디오는 노래가 청각을 담당하는 영상이기 때문에 학생들이 쉽게 접근해 볼 수 있다.

가장 간단하고 쉬운 방법은 그림을 그려서 뮤직비디오로 만드는 것이다. 계기교육을 위한 자료, 학급의 반가 등을 가지고 뮤직비디오 영상을 만들 수 있다. 이때 주의할 점은 노랫말을 따라 화면을 나눌 때 반드시 노래 전체가 재생되는 시간을 생각해 봐야 한다는 것이다. 노래 가사가 나오는 부분 말고도 전주, 간주, 후주도 있는데 이 부분에서 화면이 고정되어 있으면 지루할 수 있으니 이렇게 가사가 비어 있는 부분에도 적절히 화면을 구성해야 한다. 뮤직비디오를 만드는 순서는 다음과 같다.

① 노랫말 부분과 간주 부분을 적절히 나누어 역할을 정한다. 이때 가사가 적힌 종이에 번호를 매기면 편집하기 쉽다.
② 그림을 그려 사진을 찍거나 스캔한다. 스마트폰에 설치되는 어플을 이용해서 편리하게 스캔할 수도 있지만, 가장 간편하고 좋은 방법은 복사기를 이용해 스캔하는 것이다. 스캔 해상도는 300dpi 이상으로 하고, 파일 형식을 기본 설정되어 있는 pdf에서 jpg로 바꾸면 해상도 손실 없이 스캔을 할 수 있다.
③ 스마트폰이나 PC에서 프로그램을 이용해 편집 작업을 하는데, 키네마스터나 Vllo같은 어플을 사용해서 하나씩 맞추면 된다. PC에 편집프로그램이 없다면, 미리캔버스와 같은 플랫폼을 통해 쉽게 온라인에서 작업할 수도 있다.

가사를 이미지화해 보는 연습을 하는 것만으로도 영화제작에 큰 도움이 된다. 또 간단히 그린 그림을 콘티 삼아, 뮤직비디오 영상 만들기로 넘어갈 수 있다. 영상은 주의해야 할 특성이 있다. 그림이나 사진 등의 이미지는 이어 붙일 때 어떻게 붙여도 상관이 없는데, 영상은 실제 장면을 지켜보는 느낌이 들도록 자연스럽게 이어 붙여야 한다. 학생들이 출연하는 경우에는 더욱 그렇다. 이미지 대신 촬영된 영상으로 뮤직비디오를 만들 때 화면 구성 시 알아 두면 좋은 영상 문법이 있다.

- 30도 법칙 : 두 개의 숏을 찍어 연결할 때 같은 피사체를 찍는 경우, 30도 이상의 차이를 두고 찍어야 자연스럽게 연결된다는 영상 문법이다. 30도를 넘어서서 촬영하는 경우 두 개의 카메라가 동시에 찍고 있는 것처럼 느껴지지만, 30도 이내에서 촬영된 장면을 연결하면 재촬영된 느낌을 준다.
- 180도 법칙 : 촬영을 할 때 선을 긋고 그 선을 넘어가지 않고 180도 이내에서 피사체를 촬영하는 영상 문법이다. 기본적으로 카메라가 피사체를 관찰하고 있다. TV드라마나 예능 촬영 장면을 볼 때 카메라가 한쪽에 늘어서 있고, 반대편에 출연진이 있는 모습을 생각하면 이해가 쉽다.

이렇게 뮤직비디오를 촬영할 때 아이들과 해 보면 좋은 활동 중하나는 여러 명이 주인공을 맡는 '멀티 캐스팅'이다. 한 역할을 여러명의 배우가 동시에 준비하고 무대마다 서로 다른 매력을 보이는 뮤지컬처럼 뮤직비디오를 찍어 보는 것이다. 이때 모든 장면을 반복하여 재촬영하기는 힘들기 때문에 공통으로 사용할 수 있는 장면 분량을 최대한 늘리고, 일부분을 개인 촬영 분량으로 정해 두면 나름의 묘미가 있다. 다음은 〈소낙비 친구〉(곽진영 작사·이은수 작곡)라는 동요로 뮤직비디오를 만들어 본 예시이다.

(공통 장면 25초)

- 간주 – 비 오는 장면, 자막 노래 제목
- 개나리 노란 꽃 뚝뚝 떨어지던 날 – 비 맞은 개나리의 모습, 벚꽃의 모습
- 수업 끝 종소리와 함께 쏟아지던 소낙비 – 창밖을 가리키는 선생님의 모습, 창문으로 달려가는 아이들

(개별 장면 40초)

- 친구들 하나둘 엄마와 집으로 가고 – 우산을 쓴 친구들이 걸어 나가는 모습. 친구들 뒤로 걸어 나오는 모습
- 내 마음 기다리는 텅 빈 운동장 – 우산이 없어 친구들을 보며 혼자 쭈그리고 앉은 학생
- 가만히 서서 비 그치길 기다릴 때 – 운동장을 바라보며 쓸쓸한 표정을 한 주인공
- 환한 웃음으로 다가와 우산 전해 주던 너 – 화면 왼쪽에서 다가와 우산을 건네는 친구의 모습
- 그렇게 우린 친구가 됐어 – 아래에서부터 위쪽으로

소낙비 친구 ver. A

카메라가 올려다보며 우산을 건네는 친구의 미소
띤 얼굴을 찍음.
- 언제나 함께하는 소낙비 친구 - 우산을 쓰고 함께
걸어가는 두 친구의 뒷모습
- 후주 - 우산을 함께 쓴 친구의 정면 모습

소낙비 친구 ver. B

이 영상처럼 노랫말은 아이들이 충분히 감정이입할 수 있는 내용을 담은 것이 좋다. 노랫말 내용 그대로 영상으로 옮기는 것도 재미있지만, 노랫말을 재해석하여 영상으로 보여 주는 것도 흥미롭다. 다음은 〈오늘도 또〉(주재우 글·이호재 작곡)라는 노래의 노랫말 뒷부분을 재해석하여 뮤직비디오로 만들어 본 예시이다. 노랫말은 다음과 같다.

개똥이와 금동이가 오늘도 또 싸운다

선생님께 혼날라꼬 오늘도 또 싸운다

조금씩 양보하면 될 텐데

입장을 바꿔 보면 될 텐데

싸움을 말리는 내 마음이

자꾸만 왜 이리 답답할까

개똥이와 금동이가 오늘도 또 싸운다

선생님의 화난 얼굴 오늘도 또 보겠네

뮤직비디오 영상은 자연스럽게 가사와 똑같은 내용으로 진행되다가, 마지막에는 선생님이 교실로 돌아와 서로 주먹질하는 학생들을 말리는 모습에 이른다. 이때 선생님의 화난 얼굴이 클로즈업되는데, 서로를 겨누던 아이들의 주먹이 가위와

오늘도 또 뮤직비디오

보로 바뀌면서 가위바위보를 하는 장면으로 연출된다. 어이가 없어 웃음 짓는 선생님의 표정과 함께 이긴 친구의 팔을 올려 승자 표시를 해 주는 장면이 나온다. 이 장면은 학생들의 다툼에 대한 다양한 관점을 담아 보려는 의도로 연출한 장면이다.

사진을 이용하는 방법과 영상을 이용하는 방법을 응용해서 사진적인 요소를 활용한 졸업식 영상도 쉽게 만들어 볼 수 있다. 저마다 졸업 소감이나 응원 문구가 적힌 피켓을 들고 위치한 다음, 촬영자가 카메라를 들고 걸어가면서 순서대로 촬영하는 것이다. 이때 문구 앞에 가면 영상을 보는 사람들이 글을 읽을 수 있게 사진을 찍듯 잠시 멈추어 서서 시간 여유를 주고 넘어가야 한다. 물론 이렇게 하면 영상 속도와 노래 길이가 안 맞을 수도 있는데, 편집프로그램에서 속도를 조절해 재생 시간을 조정하면 된다.

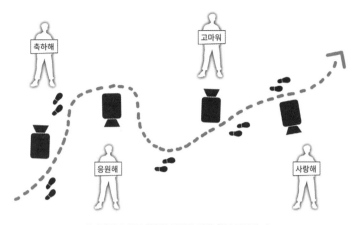

사진적인 요소를 활용한 졸업식 영상 촬영 동선의 예

목소리로 감정을 전하는 그림책 오디오북

그림책 오디오북 만들기는 그림책 읽는 활동이라고 생각하면 쉽다. 단 아이들이 직접 그림책을 만들고 목소리를 녹음하여 배경음악을 입혀 영상으로 만드는 것이다. 오디오북 만들기는 앞서 소개한 뮤직비디오 만들기와 비슷하지만, 뮤직비디오가 노래를 활용한다면 오디오북은 노래 대신 목소리 녹음을 활용한다는 점이 다르다. 그 외의 과정은 모두 같다.

그림책 오디오북 만들기의 하나로 학생들과 '가치 그림책' 만들기 수업을 한 후 간단한 영상을 만들어 본 적이 있다. 가치 그림책 만들기 수업은 5.18기념재단과 광주실천교사 모임이 협력하여 처음 시도한 것으로 사실 전달 위주의 계기교육보다는 가치를 중심에 두고 구성한 수업 방식이다. 보통은 역사적 사실을 전달한 후 후속 활동으로 그림을 그리거나 글쓰기를 하는 경우가 많은데, 이 순서를 뒤집어 진행했다. 한 가지 가치에 대해서 각자의 생각을 글과 그림으로 나타내고 이를 이어서 그림책으로 제작해 보는 활동이다. 'ㅇㅇ은-----이다. 왜냐하면~~~~' 정도의 짧은 글을 이미지로 만드는 것이다. 이 활동의 장점은 학생들에게 가치가 역사적 사실을 바라보는 관점이 된다는 것을 배울 수 있다는 점이다. 특히 역사적 사실을 다루는 수업에서 잔혹한 내용이나 장면들이 전달될 수 있는데, 가치 중심의 수업은 이러한 내용에 대해 심리적 방어막이 될 수 있다. 그렇게 작업한 사례들을 온라인에서 공유하면 역사에 대한 생각의 지평도 넓힐 수 있다. '가치 그림책' 만들기 수업 후 영상을 만든 과정은 다음과 같다.

① 계기교육과 관련된 가치를 정하는데, 학생들과 협의를 통해 정하거나 교사가 수업의 주제로 설정한 가치로 정한다. 가치가 정해지면 서로 충분히 이야기 나눈다.
② 가치에 대해 각자 하나의 그림을 그리고 짧은 글을 쓴다. 예를 들어, '용기는 비빔밥이다. 모두가 함께할 때 더 큰 힘이 나기 때문이다.' 식으로 쓴다.
③ 그림을 스캔하고, 글을 읽으며 스마트폰의 녹음기를 이용해 목소리를 녹음한다.
④ 편집프로그램에서 순서를 정해 그림을 늘어놓고, 그림에 맞추

어 녹음된 음성을 얹는다.

⑤ 음성의 길이가 긴 경우, 그림의 부분을 확대해서 보여 주다가 전체를 보여 주는 식으로 진행하면 지루함을 덜 수 있다.

이런 과정을 통해 자신의 목소리를 녹음하는 연습을 해 볼 수 있다. 사람들은 보통 녹음된 자신의 목소리 듣는 것을 어색해 하고 부끄러워하는데, 자신의 귀에 들리는 소리와 다른 사람이 듣는 소리가 다르기 때문이다. 대사를 통해 사람들에게 감정을 전달해야 하는 연습으로는 자신의 목소리를 녹음해서 들어 보는 것이 가장 좋다. 전문 녹음 장비가 없어도 된다. 스마트폰 녹음 기능이 꽤 좋아서 최근에는 기자들도 스마트폰 녹음기를 활용하기도 한다.

모두가 주인공이 된 그림책 다큐멘터리

그림책 오디오북과 비슷하게 자기가 그리고 써서 만든 그림책을 사람들에게 소개하고 읽어 주는 북 트레일러를 학생들이 직접 촬영하고 제작하도록 한 적이 있다. 그때 학급에서는 1년의 프로젝트로 진행한 그림책 만들기 주제를 가지고 다큐멘터리를 만들기로 했다. 이때의 학급 다큐멘터리 제목은 <42좋은 그림책>이었다. 그해 학급에서 여러 번 그림책 제작을 했는데, 먼저 온라인의 무료 디자인 사이트(미리캔버스)

를 활용하여 컴퓨터로 만들었다. 직접 그림을 그리는 대신 사이트에서 제공하는 이미지 클립과 디자인 템플릿을 활용하는 방식이다. 그림을 그리는 시간이 줄어들어서 이야기를 구성하는 데에만 집중해 볼 수 있다는 장점이 있고, 별도로 그림을 스캔해서 작업하지 않아도 된다는 장점이 있다. 하지만 아이들이 직접 그린 이미지가 아니니 조금 아쉬움이 남았다. 그래서 8쪽짜리 무지 스크랩북에 그림을 그려서 작품을 만들기로 했다. 그렇게 만든 자신의 그림책을 들고 직접 제작의 취지 등을 설명하고 이어서 책을 읽어 주는 모습을 촬영했다. 학급다큐멘터리는 '실물 그림책을 만드는 장면과 참여 모습, 그림책 읽어 주는 모습, 참여 소감'으로 구성했다. 전체 47분짜리 영상이었고, 학교에서 상영회까지 잘 마쳤는데 문제가 생겼다. 바로 영화제 출품 때였다. 스물여섯 명 학생들의 영상을 모두 보여 주는 것은 영화제 사정상 조금 무리가 있었다. 그러다 재미있는 생각을 했는데, 아이들 모두가 주인공이 되게 해 주자는 생각이었다.

영화 초반부 5분이 지난 다음에 화면에 QR코드를 띄워 5분간 스마트폰을 이용해 사이트에 접속해서 보게 한 다음, 약속된 5분이 지나면 후반부 인터뷰가 나오게 한 것이다. 이 시도가 과연 어떤 효과를 가져올지 궁금했는데 예상 밖의 일이 벌어졌다. 영화관에서 화면의 QR코드를 촬영하기 위해 사람들이 휴대폰을 꺼내는 순간 유명 가수의 콘서트장 부

42좋은 그림책

그림책 골라보는 사이트

무지 스크랩북에 그린 그림책 일부(박지환 작)

럽지 않은 장관이 펼쳐졌다. 같은 공간에서 사이트에 소개된 26개의 그림책 소개를 각자 보았다. 제작한 모두가 주인공이 되고, 관객들 모두가 주도권을 가진 아름다운 순간이었다. 이날 GV에서는 그림책에 대한 학생들의 질문이 쏟아졌다.

전국 여러 학급의 참여를 끌어낸 오디오북 ───────────

학급다큐 〈42좋은 그림책〉 제작 활동을 궁금해 하는 사람들이 있었고,

뜻이 맞는 사람들끼리 모여 서로의 창작을 지원하기로 했다. 그러다가 제안하게 된 것이 5.18과 관련한 가치에 대해 그림책을 함께 제작하고, 일부는 직접 낭독하면서 그림책 오디오북을 제작해 보자는 것이었다. 평소 5.18민주화운동 방 탈출 게임, 노래 만들기 등의 활동을 하고 있던 터라 기념재단에서도 큰 관심을 보였다. 그래서 시작된 5.18 가치 그림책 만들기에 전국 많은 학생들이 참여했다. 제작을 지원하고자 그림책 만들기 관련 강사들을 섭외했고, 제작 샘플로 전년에 제작한 우리 반의 작품들이나 다른 선생님들의 작품을 서로 공유했다. 제작된 파일을 보내 주면, 포토북 사이트를 통해서 작품을 제작해서 학급에 배송했다. 권당 3만원대라는 평소에는 만나 보기 어려운 금액대의 작업이었지만, 이 작품 만들기에 전국을 넘어 해외 한글학교에서도 참여했다. 사람들에게 샘플로 보여 주고 싶어 제일 먼저 만든 우리 반의 오디오북이 던진 효과였다. 이 사례를 교육영화 제작에서 소개하는 까닭은 하나의 스토리를 만들어 가는 과정이 영화 시나리오 쓰는 것과 같기 때문이다. 그림을 구현하는 장면은 콘티 제작과 같고, 목소리 녹음은 후시녹음을 하는 것과 같다. 무엇보다 가장 비슷한 점은 창작물에 대한 사람들의 피드백이다. 나도 해 보고 싶다는 말부터, 내용을 함께 고민해 주는 학생들과 선생님들. 학생들은 학교에서 늘 무엇인가를 제공받는 입장에 있기 마련인데, 자신들

가치그림책
오디오북 보기

다른 가치그림책
오디오북 보기

의 창작물을 내놓음으로써 공급자의 위치에 서 보게 되는 것이다. 이런 경험을 해 본 아이들은 다른 학교나 학급에서 제작된 작품에 대해 누구보다 더 큰 관심을 보이는 빅 팬이 되었다.

제한된 시간에 완성할 수 있는 공익광고

공익광고 만들기는 교과 수업에 다양한 방식으로 자주 등장한다. 활동 결과물로서 4컷 만화나 영상으로 공익광고를 제작하는 활동도 있고, 아예 광고를 제작하는 단원이 나오기도 한다. 그만큼 광고라는 매체는 학생들에게 이미 익숙하며, 우리는 하루에도 수십 개에서 수백 개의 광고를 볼 만큼 광고와 가깝다. 광고는 크게 상업광고와 공익광고로 나뉜다. 이 중에서 한국방송광고진흥공사에서 제시한 공익광고의 특징은 크게 세 가지가 있다. 첫째, 인간 존중의 정신을 바탕으로 사회·공동체 발전을 위한 의식 개혁을 목표로 한다는 것. 둘째, 광고라는 설득 커뮤니케이션을 통하여 제반 사회문제에 초점을 맞추고 국민들의 태도가 공공의 이익을 지향하는 모습으로 변화하는 것을 목적으로 한다는 것. 셋째, 휴머니즘, 공익성, 범국민성, 비영리성, 비정치성 등의 5가지를 기본 이념으로 한다는 것이다. 이런 긴 설명이 없어도 학생들은 짧은 시간에 무엇인가를 효과적으로 소개해야 하는 광고의 특징을 명확하게 잘 알고 있다.

영화제작 수업에서 광고 영상을 만들어 보는 것은 크게 두 가지

가치를 지닌다. 첫째, 제한된 시간 안에 영상을 만들어 볼 수 있다는 것이다. 영상을 만들기 위해 촬영을 하다 보면 이런저런 이유로 촬영한 영상 전부를 사람들에게 보여 주고 싶은 마음이 생겨 시간이 늘어지는 경우가 많은데, 제작 시간이 제한되면 할 수 없이 가장 효과적이고 꼭 필요한 장면을 선택하게 된다. 둘째는 주제를 부각시키기 위한 다른 요소들의 도움을 경험할 수 있다는 것이다. 말하자면 조연과 배경의 중요성을 알게 된다. 아무리 주연과 주요 장면이 훌륭하더라도 이를 보조해 주는 것들이 제 역할을 하지 않으면 하나의 작품으로 완성될 수 없다는 것을 직접 경험할 수 있다.

초등학교 고학년의 경우 모둠활동으로 공익광고를 만들어 볼 수 있다. 4인으로 구성한다면 함께 스토리를 구성하고, 1명이 촬영을 하게 된다. 서로 돌아가면서 촬영을 맡아도 되니 기획, 출연, 제작에 모두 참여해 두루두루 경험해 보기 좋다.

한번은 함께 공익광고 제작을 해 보고 싶은 학생들이 모여 모둠을 구성하도록 했는데, 그때 모둠에 참여하지 못한 남학생들이 있었다. 서로 그리 친하지도 않아 함께 제작하기 부담스러워 해서 이 학생들을 별도의 모둠으로 교사와 함께 제작하는 팀으로 구성하였다. 당연히 모둠 분위기는 안 좋았고 어떤 주제를 담아 볼까 회의를 해 봐도 아무 의견이 나오지 않았다. 그래서 이 상황 자체

나는 작지만 우리는
할 수 있습니다 ver.A

나는 작지만 우리는
할 수 있습니다 ver.B

를 소재로 삼기로 했다. 외톨이가 된 친구에게 모두가 손을 내밀면 쉽게 문제가 해결된다는 뜻으로 '나는 작지만 우리는 할 수 있습니다.'라는 주제로 광고를 제작했는데, 사진을 이용한 뮤직비디오 형식으로 만들었다.

- 첫 번째 장면 - 많은 책을 들고 가다가 책이 바닥에 쏟아진다.
- 두 번째 장면 - 친구들이 손가락질을 하면서 놀린다.
- 세 번째 장면 - 책을 쏟은 학생이 고개를 떨구고 책을 줍는다. (이어서 화면 검게 암전)
- 네 번째 장면 - 놀리던 친구들이 책을 주워 주는 장면
- 다섯 번째 장면 - 고개를 들고 친구들을 바라보는 모습
- 여섯 번째 장면 - 모두가 함께 책을 나누어 들고 있는 모습
- 일곱 번째 장면 - (자막)나는 작지만
- 여덟 번째 장면 - (자막)우리는 할 수 있습니다

사진을 이용한 뮤직비디오 방식을 선택한 까닭은 아이들이 연기를 쑥스러워 했기 때문이다. 교사의 개입이 있었지만 아이들이 만든 작품은 꽤 괜찮게 만들어졌고, 마산315청소년영상제에서 수상까지 하게 됐다. 적지 않은 상금도 받았고, 학급에서는 파티가 열렸다. 학생들은 머쓱해 했지만 결국 '나는 작지만 우리는 할 수 있다'는 광고의 카피를 생생하게 경험한 계기가 되었다.

다른 학생들과 광고 수업을 할 때 동기부여를 위해 이 경험을 소개하기도 했다. 어떤 학생들은 자신들도 똑같은 카피('나는 작지만 우리는 할 수 있습니다')를 이용해 작업해 보고 싶다고 했다. 그 이후로 새로운 소재를 선택해서 같은 주제의 영상 작업을 여러 차례 진행하기도 했다. 다양한 소재를 찾아내기 쉬운 방식이고, 간결하게 의도를 전달하기에도 좋았다. 이때부터 이미 제작된 좋은 광고를 보면서 광고를 분석하고 수업을 하기 시작했다. 칸 국제 광고제에서 수상한 작품들은 언어의 장벽을 넘어선 것들이 많아서 좋았고, 이제석 광고 연구소에서 제작한 공익광고들은 정말 신박하고 재미난 내용들이 많았다. 이때만 해도 이제석의 광고가 교과서에 소개되지는 않았는데, 이후 교과서에 사례로 소개된 것을 보며 학생들과 함께 우리의 안목에 자부심을 느끼기도 했다.

학교 방송부 제작 광고

학교 방송부를 통해 광고를 가장 적극적으로 활용할 수 있었는데 '우유를 제때 잘 마시자, 급식에서 잔반을 줄이자, 복도에서 조용히 걸어 다니기' 등의 생활교육 캠페인도 진행했다. 방송부 학생들은 이렇게 짧은 광고를 만드는 것을 무척 좋아했다. 특히 급식 안내하기를 좋아했던 학생들을 위해 급식을 홈쇼핑처럼 소개해 주는 프로그램도 제작했다. 급식 메뉴를 마치 쇼호스트가 소개하듯 하나씩 소개해 주던 학생 덕분에 이 프로그램은 정말 인기가 많았다. 그러다가 학교 방송의 빈도가 점점 줄어들면서 이후에는 꼭 필요할 때에만 학교 방송을 하는 식으로 바뀌었다.

방송부 아이들은 영상을 제작하고 싶어 했고, 학교는 아침 방송 시간이 늘어나는 것을 원치 않았다. 그래서 과감하게 학교 방송부 유튜브 채널을 운영하기로 하였다. 방송부 학생뿐 아니라 달마다 주제에 맞는 영상을 누구나 보낼 수 있고, 적당한 선물도 받을 수 있게 시도하고 있다. 학생들은 학교를 소개하거나, 여름방학에 대한 기대감을 높이는 일 등의 주제로 쉽고 간편하게 영상을 제작하며 참여하고 있다. 최근에 이르러서는 영상 제작 방법에 대한 안내가 따로 필요 없을 정도인데, 스마트폰의 어플 등을 간편하고 쉽게 다룰 수 있게 되었기 때문이다. 그래서 더욱 기획의 중요성을 강조하고 있다.

방송부 광고로 진행하기 쉬운 것이 바로 퀴즈 방식이다. 학생들은 퀴즈를 무척 좋아하는데, 마치 수수께끼를 내듯이 "○○에 대해서 어떻게 생각하나요?" 라고 묻고, 여러 학생들의 응답을 모아 영상을 만드는 것이다. 재치 있고 순수한 대답들로 흥미롭게 만들어지는데, 마지막에 원래 질문을 공개하고 보는 사람들에게도 묻는 식으로 구성되는 광고이다.

학교방송사례 종합

인터뷰를 활용한 영상 만들기

인터뷰는 제작 과정의 기록이자, 그 자체가 하나의 콘텐츠로서 충분한 가치가 있다. 인터뷰는 편집 시 대답의 순서를 절묘하게 배치할 수 있다는 장점이 있다. 인터뷰 촬영은 카메라에 익숙해지는 데에도 큰 도움이 된다. 극영화나 다큐멘터리에 필요한 인터뷰를 중간중간 꾸준히 모아 두면, 큰 노력을 들이지 않고도 그럴싸한 메이킹 필름을 만들 수 있다. 또 촬영하는 입장이 되어 봄으로써 편집을 위한 연출 감각을 익힐 수 있다. 간단한 예로, 편집 시 질문자의 목소리를 영상에 넣을 것인지에 대한 고민부터 시작해 볼 수 있다. 인터뷰를 할 때 이렇게 질문했다고 생각해 보자.

- 질문자 : 영화제작에 참여하면서 어떤 점이 재미있었나요?
- 배우 : 모두 다 재미있었어요. 특히ㅡㅡ

이렇게 촬영된 영상을 편집할 때 질문한 사람의 목소리를 화면에 넣을지 고민하게 되는데, 이때 가장 큰 장벽은 목소리의 크기다. 별도의 녹음 도구를 사용하지 않는 이상, 카메라 앞에 선 질문자의 목소리가 크게 녹음되는 경우가 많다. 만약 이게 VLOG 형태로 남는다면 질문자가 대답을 유도하는 방식이 들어가는 게 자연스럽겠지만, 일반 메이킹필름일 때는 질문자의 내용을 자막으로 넣고 배우의 대답만 편집하는 경우가 많다. 그런데 정작 영상을 보는 사람들이 화면의 자막을 놓치면 질문이 무엇인지 알 수 없게 된다. 특히 질문이 어렵거나 길 때는 더욱 그렇다. 따라서 배우가 다음과 같이 질문의 일부를 다시 말하면서 대답하면 이런 단점을 보완할 수 있다.

- 배우 : 영화제작에 참여하면서 재미있었던 점은 *** 모두 다 좋았지만 특히――

*** 부분에서 쉼을 둔 다음 대답하는 게 더 좋다. 같은 질문에 여러 명이 대답하는 경우 이 지점을 편집점으로 잡을 수 있기 때문이다.

- 배우 1 : 영화제작에 참여하면서 재미있었던 점은 *** ――
- 배우 2 : 영화제작에 참여하면서 재미있었던 점은 *** ~~~
- 배우 3 : 영화제작에 참여하면서 재미있었던 점은 *** ###

이런 내용을 다음과 같이 연달아 말하는 편집본으로 만들 수 있다.

- 배우 1 : 영화제작에 참여하면서 재미있었던 점은 *** ―― + (배우 2 : ~~~) + (배우 3 : ###)

인터뷰 중간에 자료 화면을 넣으면 또 다른 느낌을 줄 수 있는데, 이런 방식으로 만들면 인터뷰 게임 형태의 영화가 된다. 이 형태로 가장 처음 제작해 본 영상은 〈초등학생에게 물었습니다 : 연애란 무엇인가?〉였다. 방송부 학생들과 함께 제작한 이 영상에서 인터뷰는 학생들의 실제 답변이었고, 인터뷰와 함께 나오는 영상은 가상으로 구성한 것이었다. 학생들은 저마다 연애에 대한 지론을 펼쳤고, "연애는 운동이다. 언젠가는 해야 하지만 언제가 될지는 모른다."와 같이 철학적인 대답을 하기도 했다. 이 인터뷰 영상과 함께 인터뷰하는 친구를 몰래 지켜보게 설정한다든지, 서로의 이야기가 묘하게 연결되게 편집했다.

이후에 5학년 학생들과 '애국심이란 무엇인가'를 주제로 제작한 영화가 있다. 도덕 수업의 일환으로 진행했고, 초등학생들이 생각하는 애국심이 무엇인지 철학적으로 묻고 대답해 보는 시간을 가졌다. 애국심이란 무엇인지, 잘못된 애국심은 무엇인지, 우리나라는 어떤 모습이었으면 좋겠는지, 내가 나라를 위해 할 수 있는 일은 무엇이 있을지 등에 대해 묻고 대답해 보도록 했다. 그리고 이러한 고민을 바탕으로 애국가 영상을 다시 제작해 보기로 했다. 애국가 영상에 나온 올림픽 장면, 비행기가 날아다니는 모습, 해가 뜨고 지는 모습 대신 우리 학교와 우리들이 주인공이 된 애국가 영상을 만들기로 한 것이다. 학교에서의 학생들 모습, 주변에서 직접 실천할 수 있는 쓰레기 줍기 같은 활동 모습, 공부 모

초등학생에게
물었습니다 연애란?

초등학생에게
물었습니다 애국심이란?

습 등을 담아 애국가 영상을 새로 만들었고, 이렇게 제작된 영상은 학교 행사 때마다 공식적으로 상영되었다.

<애국심이란 무엇인가>를 제작하고 나서

이 작품이 오래 기억에 남는 까닭은 이 작품을 만든 계기 때문이다. 단순히 인터뷰를 활용하고자 했던 것만은 아니다. 그 계기는 바로 세월호 사건이었다. 국가란 무엇인가에 대한 고민이 일 년 내내 이어지던 때에 학생들과 함께 이야기를 나눠 보기로 했다. 다음은 그때 쓴 일기 형태의 제작 후기이다.

작년 봄, 수업을 하는데 이상한 뉴스를 보았습니다. 수학여행을 가는 배가 가라앉고 있다는 것이었습니다. 잠시 뒤 모두가 구출되었다는 소식이 다시 나왔지만 하교를 할 때에는 절망적인 소식으로 바뀌었습니다. 그리고 티비 화면 구석에 자리잡은 300남짓의 숫자. 숫자는 줄어들었지만 0이 되지 못한 채 그렇게 1년이 지났습니다.

그리고 1년 뒤 이름도 처음 들어 보는 병인 메르스가 전국에 돌았습니다. 매일처럼 오늘은 몇 명이, 누구에게서 옮았다더라 하는 소문을 들어야 했습니다. 학교에는 손 세정제가 설치되고, 손 씻기 교육, 기침 예절 등의 교육을 틈틈히 하게 되었습니다.

연달아 터진 사건들 속에서 대한민국은 이상적인 국가와는 거리가 있는 것처럼 느껴졌습니다. 그러나 매년 다가오는 국경일과 교육과정 속에서 애국심은 심심찮게 얼굴을 드러내었습니다. 그러던 중 애국심을 이용한 영화들도 개봉하였고, 생각하는 내내 불편해졌습니다.

과연 애국심이란 무엇일까 고민했습니다. 어릴 적 우리 마을에는 '반공, 방첩'이란 글자가 마을회관에도 저수지의 둑에도 새겨져 있었습니다. 애향단이란 이름의 조직도 있어서 일요일 아침이면 동네 형들이 동생들을 불러 모아 쓰레기를 줍고 학교에 보고하기도 했습니다. 그러다가 여름이 되면 농활을 온 대학생 형들이 5.18이며 6.10항쟁의 사진들을 마을에 전시하고 이야기를 들려주었습니다. 그리고 한일전이 열리는 날이면 티비 앞에 앉아서 응원했던 기억도 있습니다. 결정적으로 대학교 1학년이던 2002년에 열린 월드컵. 바로 이어진 촛불집회들. 전경이었던 군생활의 경험들이 모여 제게도 무어라 정확히 표현하기는 힘들지만 애국심이 있었겠지요.

사실 제가 보아 온 애국심은 '무엇인가에 대한 반대' 정도의 개념이라고 하는 것이 맞습니다. 공산주의에 반대하기, 독재정권에 반대하기, 침략자에게 반대하기, 그릇된 관점에 반대하기. 그러면서 학생들에게 이런 관점이 전달되고 있는 것은 아닐까 하는 생각이 들었습니다. 결국 이런 고민을 이야기하고 아이들에게 물어보기로 했습니다. 흰 백지를 두고, 그 위에 애국심이란 무엇인지, 그 애국심을 통해 무엇을 바라는지 함께 고민하기로 했습니다.

학생들의 대답은 무척이나 감동적이었습니다. 그리고 물어보길 잘했다는 생각이 들었습니다. '어떤 나라가 되면 좋겠느냐?'라는 마지막 질문에 저도 대답하고 싶어졌고, 성인이 되었으니 대답한 대로 이루기 위해 노력해야겠다는 생각이 들었습니다. 마치 저희가 만든 애국가 영상에서 평범한 어느 초등학교 학생들이 쓰레기를 줍고, 놀이를 하듯 말입니다. 제가 꿈꾸는 나라는 '상식적인 나라'입니다. 이 단편영화가 여러분에게도 동일한 질문을 던졌으면 합니다.

"우리나라가 어떤 나라가 되면 좋겠어요?"

우리 학급만의 이야기, 학급영화

앞서 학교에서 실시되는 영화제작 교육의 결과물에는 '교육영화'라는 용어가 적절하다고 언급했다. 마찬가지 맥락에서 이번에는 '학급영화'라는 새로운 용어를 소개하고자 한다. 말 그대로 우리 학급에서만 만들 수 있는 영화이다. 링컨의 표현을 빌리자면 '우리 반에 의한, 우리 반을 위한, 우리 반의 영화'라고나 할까.

'학급영화'란 표현은 학생들이 영화 작업을 자신들의 것으로 느낄 수 있게 해 준다. 뿐만 아니라 학급 전체가 함께 만들어 간다는 목표를 이룰 수도 있다. 학급영화라는 표현을 사용하게 된 까닭과 함께 고민해 봐야 할 유의점들이 있다.

기본적으로 영화는 만드는 순간에는 감독의 예술이지만, 만들어진 다음에는 관객의 것이 된다. 그래서 비평으로 난도질을 당하기도 하고, 의도치 않은 효과를 거두기도 한다. 모두가 공감할 수 있는 보편적인 이야기를 다뤄야 하지만, 동시에 그 안에 담긴 세부적인 이야기는 지극히 개인적일 필요도 있다. 이렇게 근사하게 말하지 않더라도 아이들은 잘 알고 있다.

학생들 입장에서 자신이 다니는 학교와 살고 있는 지역에는 그다지 재미있는 일이 없다. 어른들 입장에서도 마찬가지다. 유명 아이돌의 이야기도, 정치권의 치열한 공방도 모두 수도권 중심의 이야기다. 전국이 모두 한곳을 쳐다보는 것 같은 기분이다. 그럴수록 우리들의 이야기, 우리만 할 수 있는 이야기에 대한 갈증이 생겨났다. 우리들의 고민은 모두와 나눌 수 있는 것일까? 우리들이 나름대로 성찰하고 내린 결론들은 다른 사람들에게 어떻게 다가갈까? 이런 고민들을 하며 학급에서 아이들과 학급영화를 만들어 보기로 했다. 학급영화를 만들기 위해서는 몇 가지 원칙이 필요하다.

첫째, 크든 작든 모두가 참여한 우리의 영화라고 부를 수 있다.

둘째, 최근에 함께 가장 고민했던 이야기를 주제로 삼는다.

셋째, 실제로 경험한 일들을 에피소드로 사용한다.

넷째, 서툴더라도 우리만의 결론을 내려 보고 사람들에게 대답을 듣는다.

솔직히 말하면 학급영화를 위한 고민들은 학생들의 고민이라기보다는 담임교사의 고민인 경우가 많다. 학생들을 지도하면서 잘되지 않는 부분들을 자꾸 이야기하다 보니 학생들도 이걸 모두의 고민으로 받아들이는 것이다. 이걸 알게 된 것은 학급영화의 원칙을 지킨 지 10년이 넘어섰을 때였다. 그 깨달음의 순간을 잊을 수 없다. 그동안 만들어 온 학급영화들이 한 교사의 일생을 이어 주는 듯한 기분도 들었다. 감독이 제작한 영화의 리스트를 적어 놓은 것을 '필모그래피'라고 하는데, 긴 시간 학생들과 꾸준히 만든 학급영화들은 교사의 필모그래피인 셈이다. 학급영화의 주제를 정할 때에는 그것이 교사의 고민인지 교사와 학생 모두의 고민인지를 생각하면서 조심스럽게 접근하는 것이 좋다.

학급에서 본격적으로 극영화 만들기

극영화는 실제 인물과 사건이 아닌, 가상의 인물과 사건을 배경으로 하여 만든 영화를 말한다. 우리가 흔히 보는 모든 영화가 대부분 극영화에 속하며 이는 기록영화와 구분된다. 흔히 TV에서 연재되는 드라마도 극영화와 비슷하다고 생각할 수 있다. 하지만 드라마Drama의 원래 뜻이 연극 대본을 뜻하는 희곡에서 비롯된 것을 생각하면 재미있는 일이다.

영화제작을 한다고 하면 학생들은 이 극영화 장르를 가장 먼저 떠올린다. 그래서 극적 구성에 대한 이야기부터 나눈다. 극영화를 이해하는 가장 좋은 방법은 모두가 잘 알고 있는 영화를 골라 구성을 하나하나 뜯어보는 것이다. 처음에는 어떻게 시작하는지, 이야기는 어떻게 흘러가는지, 어떤 위기를 맞이하고 어떻게 해결해 나갔는지, 그리고 결말은 어떻게 되었는지를 함께 생각해 본다. 알고 있는 영화들의 이야기들을 나누어 칠판 가득 정리하다 보면 일정한 패턴을 발견하게 되는데, 일반적으로 '발단-전개-위기-절정-결말'의 순서대로 구성되어 있음을 알게 된다. 그것을 '극적인 구성'이라고 합의하자고 이야기한다.

이때 해 볼 수 있는 활동이 '손가락 접기'이다. 다섯 손가락을 펴고, 하나의 이야기를 다섯 개의 내용으로 나누어 적어 본다. 이때 앞부분에 너무 집착하면 뒷부분의 내용이 엉성하게 소개되어 재미없는 설명이 된다. 이 과정을 충분히 해 보면 대략적인 이야기의 양에도 관심을 가지게 된다. 다음의 예를 보자.

좋은 예) 이야기가 균형 있게 구성

엄지(발단) - 어느 마을에 두 형제가 살고 있었다.

검지(전개) - 놀부가 흥부를 집에서 내쫓는다.

중지(위기) - 흥부가 제비 다리를 고쳐 주고 보물을 얻는다.

약지(절정) - 흥부를 부러워한 놀부가 제비 다리를 부러뜨렸다가 벌을 받는다.

소지(결말) - 패가망신한 놀부를 흥부가 데려오고, 개과천선한다.

나쁜 예) 이야기가 앞부분에 몰린 구성

엄지(발단) - 어느 마을에 두 형제가 살고 있었다.

검지(전개) - 쫓겨난 흥부가 놀부 집에서 밥을 얻어먹으려다 뺨을 맞는다.

중지(위기) - 흥부 자식들이 밥을 달라 조르고 흥부는 제비를 돕는다.

약지(절정) - 제비는 흥부에게 박씨를 전해 주고, 흥부가 박씨를 키운다.

소지(결말) - 박 속에서 금은보화가 쏟아지고, 흥부를 따라했다가 패가
　　　　　　 망신한 놀부를 흥부가 도와준다.

　학생들에게 익숙한 이야기들을 가지고 다섯 단계로 나눠 보는 연습을 하다가, 직접 창작하려는 내용으로 이야기를 만들어 볼 수 있다.

　이렇게 만들어진 시나리오 중에서 하나를 선택해서 극영화로 만들면 좋겠지만, 처음 영화제작에 참여하는 초등학생들은 생각보다 이 과정을 너무 막막해 하고 어려워한다. 또 자신이 쓴 이야기가 다른 사람에게 어떻게 보일까 걱정도 많이 한다. 그래서 공동 작업을 할 때에는 모두가 함께 아이디어를 모으는 과정을 거치면 좀 더 적극적이고 협력적으로 제작을 시작할 수 있다.

　주로 '주제 정하기-소재 정하기-시놉시스 정하기-이야기 개요 짜기-배역 정하기-시나리오 쓰기-리허설하기-촬영하기-후반작업하기(편집, 제목 정하기, 포스터 만들기, OST 만들기, 시사회)'의 과정을 거쳐서 학생들과 영화를 제작하는데, 한 단계당 1차시씩 수업을 할 수도

있으나 경우에 따라서는 이 모든 과정을 하루에 걸쳐 진행할 수도 있다. 실제로 아이들과 제작한 학급영화 〈어찌어찌 시작된 이야기〉의 내용을 중심으로 영화제작 과정을 소개한다.

주제 정하기

영화제작 수업을 하다 보면 '주제'와 '소재'를 잘 구분하지 못하는 학생이 많다. 첫 수업 때부터 콘티를 적어서 내는 학생도 있을 정도다. 만들 영화의 주제를 정하기에 앞서 이미 만들어진 영화를 보고 이야기를 나누다 보면 주제와 소재의 차이를 금방 알게 된다. 주제를 정하기 위해 작은 종이를 하나씩 나누어 주고 정하고 싶은 주제를 각자 적어서 제출하도록 한다. 그리고 하나씩 읽으며 함께 이야기를 나누어 본다. 어떤 부분이 모두의 공감을 얻을지 모르기 때문에 학생들의 이야기에 귀를 기울이는 것이 우선이다. 학생들의 이야기에 관심을 기울이는 교사의 태도에서도 학생들은 많은 것을 느끼고 배운다. 교육영화를 제작하는 과정에서는 영화라는 결과물보다 이렇게 서로의 생각을 알아 가고 그 과정을 통해 배우는 것들이 더 가치 있게 다가온다. 모든 친구들의 의견을 듣다 보면 가장 많이 나오는 이야기로 자연스럽게 주제가 모아진다. 학급의 아이들과 나눈 이야기의 주제가 '우리에게 일어난 일에 대한 의견 차이'로 모였고 이것을 다루어 보기로 했다.

주제로 다루자고 했던 다른 내용들로는 '멘토와 멘티의 우정 이야기, 자신이 가장 좋았던 기억, 저작권 문제, 초등학생의 사랑 이야기, 꿈이 변해 가는 일, 학원 다니는 아이들의 고민, 시험 공부에 대한 생각, 학교폭력 예방, 다툼과 화해, 왕따 문제' 등이 있었다.

소재 정하기

주제가 정해진 다음에는 소재를 찾는다. 학급에서 경험했던 것들 중에서 소재를 찾기 때문에 이 과정은 1년을 되돌아보는 시간이 되기도 한다. 주제 정할 때와 마찬가지로 작은 쪽지에 각자 생각하는 소재들을 적고 함께 이야기 나눈다. 손을 들고 자신의 생각을 발표하는 것보다 종이에 익명으로 적은 것을 가지고 이야기 나누는 것이 더 효과적인 까닭은 의견을 꼭 내야 할 것 같은 의무감도 생기고, 의견에 대한 비난의 부담이 없어서 보다 자유롭게 의견을 낼 수 있기 때문이다. 우리 학급은 '우리에게 일어난 일에 대한 의견 차이'를 주제로 정했기 때문에 최대한 다양한 의견이 나올 수 있는 사건과 소재를 찾기로 했다.

- 나온 소재들 – 친구를 놀려 울린 일, 우리 반에서 샤프가 2개나 사라진 일, 수련회 때 잠자지 않고 친구들과 이야기한 일, 별명을 불러서 열게 된 학급회의, 놀이를 하다가 다친 일, 야구가 금지된 일, 놀이하다가 다친 일, 선생님이 남자애들한테만 치킨 많이 주신 일, 급식 먹을 때 친구 따라 한 일

이 중에서 주된 소재로 총 네 가지가 정해졌다. 물론 당사자와 관련된 것을 직접적으로 다뤄도 되는지 합의된 것들만 다루기로 했다. 영화 스토리로 만들어지면 가상의 이야기가 덧붙는데 이걸 실제와 헷갈려 하는 친구들이 생기면 곤란해질 수도 있기 때문이다. 그렇게 정해진 주제와 소재는 다음과 같다.

- 주제 – 친구들이 서로 다툰 일에 대해서 의견들이 서로 다른 것
- 소재 – 별명을 가지고 놀린 일, 수련회에서 생긴 일, 급식실에서 생긴 일, 샤프가 사라졌던 일

이야기 개요 짜기

주제와 소재가 정해지면 본격적으로 시나리오를 작성하기 전에 이야기 개요를 결정해야 한다. 공동 작업의 경우 학생들이 주도적으로 이야기를 해 나가더라도 누군가는 큰 흐름을 정리해 줄 필요가 있으며, 이런 이야기 개요를 바탕으로 역할 분담이나 시나리오 작성이 진행되어야 한다. 이 과정에서 교사가 가장 크게 개입해야 하는 부분 중의 하나는 촬영이 가능하도록 현실적인 제한점들을 두는 것이다. 학교에서 하는 부분의 촬영은 재촬영이 쉽지 않을뿐더러 시간을 충분히 내기도 어렵고 여러 가지 변수가 많기 때문이다.

우리는 액자식 구성으로 시나리오를 작성하기로 했다. 액자식 구성은 이야기 속에 하나 또는 여러 개의 내부 이야기가 들어 있는 구

성이다. 서로의 의견 차이를 다룬 이야기를 주제로 삼았기 때문에, 한 가지 상황을 지켜본 학생이 다른 이야기의 핵심 인물이 되고, 이어서 그중의 한 명이 다른 이야기의 화자가 되는 식으로 이야기를 구성해 결국 모든 이야기가 꼬리에 꼬리를 물어 연결되도록 했다.

- 시작 – 두 친구가 싸운 것에 대해 네 명의 학생이 이야기 나누고 있다.
- 1번 이야기 – 별명으로 놀린 이야기에 대해서 A가 상황을 설명한다.
- 2번 이야기 – B가 A의 말도 맞지만 실은 그 전부터 안 좋은 낌새가 있었다며 수련회 때의 이야기를 한다.
- 3번 이야기 – C가 사실은 급식실에서 있었던 일이 직접적인 원인이었다고 친구들에게 말한다.
- 4번 이야기 – D가 샤프가 없어진 일하고 관련 있을지도 모른다며 그 일이 둘을 폭력적으로 변하게 했을 거라고 말한다.
- 마무리 – 네 명의 이야기를 모두 듣고 나서 보니 서로의 이야기가 어느 정도 일리가 있어 보인다고 이야기하는데, 정작 두 사람이 들어와서 친구들에게 무슨 이야기를 하고 있었냐고 캐묻는다.
- 뒷이야기 – 담임교사가 양쪽 부모님들에게 전화해 이 상황에 대해서 종합적으로 설명한다.

이렇게 개요를 먼저 정하고 배역을 맡은 학생들이 각각의 시나리오를 쓰도록 했다.

배역 정하기

배역을 정할 때는 몇 가지 비슷한 상황이 연출된다. 첫째, 한 배역을 여러 명이 원하는 상황, 둘째, 배역을 희망하는 학생이 그 배역과 안 어울리는 상황, 셋째, 아무도 그 배역을 희망하지 않는 상황이다.

이런 상황은 매번 나타나는데, 이를 해결하기 위한 가장 안 좋은 방법은 교사가 역할을 지정해 주는 것이다. 교사가 역할을 지정하면 학생들이 역할에 대한 불만족스러운 점들을 모두 교사에게 토로하게 되고, 촬영 도중 배역을 포기하는 경우로 이어질 수도 있다.

이런 상황을 슬기롭게 해결하기 위해서는 두 가지를 명확히 해야 한다. 바로 '감독의 권한을 명확하게 하기'와 '오디션'이다. 명확히 해야 하는 감독의 권한은 캐스팅에 대한 것뿐 아니라, 작품에 대한 편집과 연출에 대한 권한이다. 공동 창작을 하는 경우 학생들이 동료 학생을 권위 있는 감독으로 인정하기가 쉽지 않기에 감독을 맡은 학생은 적지 않은 수고를 하게 된다. 따라서 배역 정하는 일은 감독을 맡은 학생이 하도록 모두의 합의하에 권한을 설정하면 좋다.

이렇게 권한이 설정되었다면 그다음으로는 오디션을 진행하는 것이다. 적당한 길이의 대사를 정하고, 대사를 하는 상황과 분위기, 대사를 하는 까닭, 주인공의 심리 상태를 자세히 설명해 준다. 이때 대사의 길이는 서너 문장 정도가 좋다. 길이가 너무 짧으면 실제 촬영에 들어갔을 때의 대사 숙지 능력을 볼 수 없기 때문에 어느 정도 길이가 있는 것이 좋다.

이렇게 하면 여러 명이 한 배역을 원하는 경우나 배역이 어울리지 않아 고민되는 것도 어느 정도 해결된다. 하지만 아무도 배역을 희망하지 않는 경우는 대책이 없다.

아무도 배역을 원하지 않는 경우는 어떻게 해야 할까? 다른 배역에게 역할을 함께하도록 맡기거나 배역을 없애도 되는 경우라면 조정할 수 있다. 그러나 스토리 전개에 꼭 필요한 배역이라면 학생들이 오디션에 더 자연스럽게 응하도록 독려해야 한다. '멀티캐스팅'이 바로 그런 방법 중의 하나다. 뮤지컬의 주인공 역할을 멀티캐스팅으로 여러 명 섭외하듯이 학급영화에서도 이런 방법으로 참여를 독려할 수 있다.

주인공 배역을 두 명 정도가 하게끔 하면 편집을 거쳐 두 개의 작품이 만들어지는데, 주인공에 따라 서로 다른 느낌을 볼 수 있다. 이렇게 멀티캐스팅을 한다고 하면 오디션에 더 많은 학생들이 참여하는 모습을 보인다. 중요한 역할을 맡아 잘 해내지 못할까 봐 걱정되는 부담은 덜고, 같은 배역을 두 명이 같이 하면서 서로 연기에 대해 조언하는 과정도 거칠 수 있다. 다만 편집에는 조금의 노력이 더 들지만 말이다.

시나리오 쓰기

배역이 정해지면 각각의 배역을 맡은 학생들이 시나리오를 쓰도록 할 수 있다. 전체의 이야기 흐름은 이미 알고 있기 때문에 이 단계에서는 구체적인 대사를 직접 정하는 것이다. 그렇게 하면 배역을 맡은 학생의 평소 말투가 자연스럽게 스며들게 되어 대사를 읽을 때 실수를 줄일 수 있다. 생각보다 학생들은 시나리오 쓰는 일을 무척 좋아한다. 각 부분별로 나누어서 쓴 이야기를 하나로 합쳐 보는 작업도 흔히 할 수 없는 신선한 경험이기 때문이다. 영화제작을 위한 다양한 역할 중에 여러 개의 역할을 중복으로 맡아 보는 것도 영화제작 과정 전체를 이해하는 데 큰 도움이 된다. 자기 배역의 역할, 대사, 행동, 내레이션 등을 직접 짜 보도록 하는 것은 과정보다 결과가 중시되는 전문적인 영화제작과 크게 다른 점이다. 물론 여럿이 함께 하나의 스토리로 작성하는 것도 충분히 좋은 작품을 만드는 데 도움

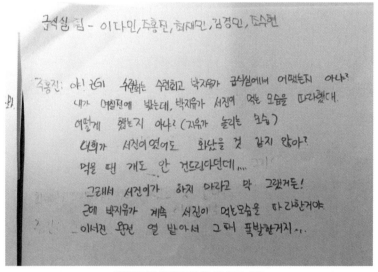

배역을 맡은 학생이 작성한 시나리오 초안

이 되지만, 처음 영화제작에 참여하는 학생들이라면 이 방식도 나쁘지 않다. 교사도 영화를 제작하는 일원으로 함께 참여하여 아이들과 머리를 맞대고 결론을 함께 만들어 가는 과정을 즐길 수 있다.

〈어찌어찌 시작된 이야기〉에는 중요한 배역으로 총 6명이 나오는데, 2명은 다툼의 당사자들이고 나머지 4명은 옆에서 상황을 설명하는 학생들이다. 그리고 시나리오에 참여하고 싶은 부분을 기준으로 총 4개의 팀이 만들어졌다. 시나리오의 처음과 마지막 부분은 교사가 작성하기로 했다.

<배역 나누기>

주인공 1, 2 : 싸움을 한 당사자

관찰자 A – 두 사람이 싸운 장면을 목격한 학생

관찰자 B – 싸움 전에 급식실에서의 일을 목격한 학생

관찰자 C – 수련회에서 있었던 일을 기억하는 학생

관찰자 D – 주인공의 샤프가 사라진 일이 원인이라고 주장하는 학생

중요한 배역을 맡은 친구들을 제외한 학생들은 관찰자 A~D의 이야기 중에서 하나에 참여해 보조출연자 역할을 맡기도 하였다.

A 그룹 – 함께 놀다가 주인공들이 싸우자 싸움을 말리는 역할

B 그룹 – 급식실에서 함께 밥을 먹고, 주인공들이 서로를 따라 하는 걸

보는 역할

C 그룹 - 수련회에서 혼이 나서 함께 벌을 받는 역할

D 그룹 - 사라진 샤프를 찾는 주인공에게 곤란한 일을 당하는 역할

이 영화의 시나리오는 각각의 파트에서 1차로 초안을 작성해 오고, 작성된 초안을 함께 읽으면서 내용의 흐름이 어색한 부분은 없는지 함께 살폈다. 이때 빼야 할 부분과 반드시 들어가야 할 요소들을 명확히 한 다음 최종 시나리오를 작성해야 한다. 뒤에서 다뤄야 할 내용을 앞에서 미리 말해 버린다든지, 앞에서 반드시 복선으로 나와야 하는 부분들을 정리하는 것이다. 이때 빼는 게 나은 것은 '맥거핀'이라고 불리는 요소다. 맥거핀은 영화의 줄거리에서 중요하지 않은 것을 마치 중요한 것처럼 위장해서 관객의 주의를 끄는 일종의 트릭인데, 의도하지 않았는데 맥거핀이 되는 장면들이 많이 생긴다. 예를 들어 영화에 사용되는 주인공의 핸드폰 액정이 깨져 있으면 관객들은 핸드폰 액정이 왜 깨졌는지, 저게 앞으로 이야기 전개에 어떤 영향을 주게 될지 관심을 가지게 된다. 그 밖의 행동이나 동작도 마찬가지다. 전체의 모습을 생각했을때 개연성이 떨어지는 부분은 감독이나 작가를 맡은 학생과 함께 교사가 보완해서 최종 시나리오로 작성한다. 이때 교사의 개입 정도는 학생들의 역량에 따라 달라진다. 초등의 경우에는 교사가 학생들의 시선을 방해하지 않으면서 장해를 걷어내 주는 정도만으로도 퀄리티가 많이 달라진다. 물론 이

때도 왜 이렇게 수정하는 게 좋을지에 대해 학생들과 이야기하면서 결정하는 것이 좋다. 공동 창작 작품의 성공 여부는 이 작품을 얼마나 자신의 것으로 생각하는지에 따라 판가름이 난다고 해도 과언이 아니기 때문이다. 시나리오를 바탕으로 콘티까지 이어지면 좋겠지만 아이들이 전체 과정에 함께 참여하고 있기 때문에 별도의 콘티는 작성하지 않고 시나리오만 가지고 촬영해도 된다.

리허설하기

리허설은 시나리오를 읽으면서 하는 리허설과 촬영 장소에서 하는 리허설로 나뉘는데 이때 교사의 개입 여부에 따라 리허설의 정도가 달라진다. 특히 감독, 연출, 촬영, 편집, 음향, 조명 등의 스태프를 누가 할 것인가에 따라 리허설의 규모가 달라진다. 지금 소개하는 영화에서는 담임교사가 촬영과 편집을 맡았다. 그 이유는 수업 시간을 활용한 활동이라서 제한 시간을 잘 지켜야 했기 때문이다. 만약 동아리에서 제작했다면 촬영부터 편집 등 학생에게 모두 맡길 수 있을 것이다. 이런 점이 학생 참여 영화제작의 애매한 지점인데, 담임교사가 촬영과 편집을 맡으면 학생이 만든 영화이지만 교사가 만든 것 같은 느낌을 준다. 그래서 기본적으로 모든 과정이 공동 창작이라고 명시하고 다만 맡은 역할들을 꼼꼼히 기록해 주면 좋다. 감독이 누구냐에 따라 출품이 제한되는 영화제도 많은데 이 부분은 뒤의 영화제 부분에서 좀 더 자세히 알아보자.

촬영하기

촬영 시에 가장 신경 써야 할 것은 놓친 부분이 없는지 체크하는 일이다. 일반적으로는 시간을 절약하기 위해 같은 공간의 장면을 연달아 찍고 장소를 옮기는데, 그러다 보면 놓치는 장면들이 생긴다. 그래서 스크립터를 한 명 두고 촬영한 부분을 반드시 체크하도록 해야 한다. 중간중간 촬영본이나 녹음이 원활히 되고 있는가를 확인해야 한다. 녹화를 누르고 멈추는 일이 반복되다 보면 쉬는 모습이 녹화되거나 연기하는 장면에서 녹화가 꺼져 있는 일도 생기기 때문이다. 옷이 달라지면 안 되므로 당일 촬영분은 가급적 당일에 촬영해야 한다. 촬영장의 컨디션에 따라 날씨의 변화 같은 변수가 생기기도 한다. 특히 학교 현장에서 촬영할 때 자주 부딪히는 문제 중의 하나는 몇몇 학생들을 촬영할 때에도 모든 학생들이 함께한다는 것이다. 전문 촬영장이나 동아리 촬영 같은 경우엔 서로 역할을 다르게 나누어 촬영장과 준비 스태프들이 다른 공간을 쓸 수도 있지만, 수업의 일환으로 함께 촬영할 때에는 다 같이 작은 역할을 맡아서라도 촬영장을 함께 지키는 것이 좋다. 그래서 담임교사가 촬영과 연출 전체를 맡기보다는 담임교사는 학생 전체를 인솔하며 움직이는 역할을 맡고, 감독을 맡은 학생과 촬영을 담당한 학생이 카메라를 잡는 것이 좋다.

후반작업하기 (편집, 제목 정하기, 포스터 만들기, OST 만들기, 시사회)

후반부 작업은 편집 위주로 여러 가지가 진행된다. 여기서 반드시

해야 하는 작업은 '편집'이다. 편집을 하지 않으면 영화가 완성되지 않으니 당연한 이야기다. 그렇다면 다른 것들은 필수적이지 않은가? 엄밀하게 말하면 그렇다. 그러나 제목이 없는 영화는 없으니 제목은 정해야 한다. OST나 포스터 만들기, 시사회 등은 반드시 들어가야 하는 요소는 아니지만 후반부 작업이 많아질수록 이야기는 좀 더 풍성해진다. 위에서 언급한 것들은 아주 기본적인 것일 뿐이고, 사운드, CG, 영상 색감 만지기까지 시작하면 일이 엄청나게 많아진다.

〈어찌어찌 시작된 이야기〉의 편집은 담임교사가 컴퓨터를 이용해서 작업했다. 1차로 편집된 가편집본을 보면서 영화에 들어가면 좋을 음악과 분위기, 불필요한 부분들을 학생들과 함께 협의해서 고쳐 나갔다. 그리고 나서 영화의 제목을 함께 투표로 정했는데. 최종 후보에 오른 제목은 '대변인'과 '어찌어찌 시작된 이야기'였다. 결선 투표에서 아이들에게 좀 더 친숙한 단어가 영화 제목으로 선택되었다. 이어서 영화의 엔딩에 들어갈 OST의 가사로 영화의 주제를 부각시키고자 하였다. 두 학생이 싸운 이유를 양쪽 부모님께 전화해 이야기할 때 흐르는 노래인데, 노래 가사가 전화의 내용임을 암시하도록 했다. 노래의 제작은 싱어송라이터로 활동하는 박영수 선생님이 기타 반주로 가볍게 만들어 주었다.

• 제목 : 아무것도 아닌 노래

안녕하세요 담임입니다. 혹시 지금 통화 가능 하세요. 전화 드린 건 다른 건 아니구요.

어쩌다 보니 그렇게 되었는데 사실은 그게 그런 것도 있구요. 옛날에는 이런 일도 있었어요. 아니요 어머니 그건 아니에요. 오해가 생길까 봐 말씀 드린 거예요.

아무것도 아닌 건 아니지만 그렇죠. 아무것도 아닙니다. 네 그럼 안녕히 들어가십시오.

안녕하세요. 담임입니다. 혹시 지금 통화 가능하세요. 아 그렇구나. 얘기 들으셨구나.

그래요 어떻게 들으셨어요. 아 거기까지만 들으셨군요. 네 그 말이 맞기는 맞는데요.

이런 일도 있었다는데 그렇게 보면 그렇기도 하네요. 아무것도 아닌 건 아니지만 그렇죠.

아무것도 아닙니다. 네 그럼 안녕히 들어가십시오.

영화 포스터는 새롭게 촬영을 해서 만들거나, 협동화 등의 그림을 그려 만들기도 하는데 이 영화에는 가장 인상적인 장면 하나를 골라 포스터로 쓰기로 했다. 포스터에는 네 명의 친구가 싸운 두 친구와 만나는 장면을 넣기로 정했다.

이렇게 후반부 작업이 끝나고 시사회 날짜를 잡았다. 무려 졸업식 전날, 마침 5학년이 6학년의 졸업식장을 준비해 주기로 해서, 그때 잠깐 학년에서 장기자랑을 먼저 하기로 했다. 이때 학년에서 이런 단체 행사를 할 때 유독 손발이 잘 맞았는데 그날은 PPT를 놓고 영화 시사회를 했다. 내가 나온 장면을 다른 사람과 함께 큰 스크린으로 보는 경험은 학생들에게 정말 신선한 경험이다. 이때 현장에서 PPT로 영화를 소개했던 학생은 그날의 분위기가 너무 좋았다는 댓글을 블로그에 달아 두기도 했다.

기획에서 촬영을 거쳐 상영까지 하면 일련의 과정이 마무리되는데, 총 한 달 정도의 시간이 걸렸다. 기획에 2주 정도, 촬영은 하루에 마쳤지만, 편집과 후반작업을 하는 데 걸린 시간과 상영까지 합하면 그 정도가 걸린다. 그러나 이 과정이 딱 한 달만 걸렸다고 할 수는 없다. 우리 반의 1년 과정이 갈무리되는 순간이었다.

촬영 중에 흔히 발생하는 문제 ─────────────

학교에서 촬영할 때 가장 문제가 되는 것은 소음이다. 혹시라도 촬영 시간이 지체되어 수업 시간에서 벗어난다면 쉬는 시간까지 촬영을 하게 되는데, 쉬는 시간의 소음은 촬영이 불가능할 정도라 문제가 된다. 촬영에 대한 다른 학생들의 관심이 집중되어 학생들이 연기가 잘 안되는 것도 그렇지만, 무엇보다 가장 큰 문제는 소음이다. 특히 여름에는 매미 소리까지 정말 심한데, 이렇게 소음이 심한 경우에는 카메라나 휴대폰 자체의 녹음보다 별도의 녹음 장비가 필요하다.

또 다른 여름철 촬영의 복병은 복장이다. 땀이 많이 나는 여름에 촬영을 하다 보면 에어컨을 끄고 촬영할 때가 많은데 옷이 땀으로 젖는 경우 연달아 다음 날 촬영이 어렵기 때문이다. 그래서 시나리오를 쓸 때 촬영이 하루를 넘어갈 경우를 반드시 고려해야 한다.

촬영 때 무엇보다도 가장 곤란한 상황은 출연하는 학생들이 자신감을 잃을 때이다. 돋보이고 싶은 마음에 역할을 맡겠다고 한 경우라면 더욱 그렇다. 촬영이 시작되면 쑥맥이 되어 버리거나 가끔 울음을 터뜨리는 학생들도 생긴다. 이럴 때 지도하는 교사는 어떻게 해야 할까? 평소에 다른 수업을 할 때와 동일하게 하면 된다. 학급마다 분위기가 다르겠지만, 압박을 이겨 낼 기회를 다시 주는 편이라면 잠시 쉬었다가 재촬영을 해도 된다. 반대로 학생을 위로하고 역할을 변경하고자 한다면 촬영 계획을 다시 세워도 된다. 이러한 일을 방지하기 위해 기획 단계에서 미리 이런 일이 생기기도 한다는 점을 충분히 이야기 나누는 것이 좋다. 그때의 가이드를 함께 정하는 것이다. 이런 상황이 조연에게서 발생한다면 그나마 괜찮지만, 주연에게서 발생할 때에는 영화제작 전체가 뒤집히기도 한다. 그러나 촬영 중에 발생하는 것이 더 다행이다 싶은 일도 있다. 완성본이 나왔는데 도저히 안되겠다면서 영화를 내려 달라거나, 자신의 부분만 삭제해 달라고 하는 경우도 있을 수 있다. 학생과 보호자에게 초상권 동의서를 받았다고 하더라도, 지도교사는 이런 요구를 거절하기가 쉽지 않다. 이런 일에 대해서 현실적인 조언을 하자면, 영화제작이 목적이 아니라 교육이 목적임을 놓치지 말아야 하고, 이 부분에 대해 학생들과 충분히 공감대를 형성해야 한다. 학생들은 결과물로 나온 교육영화가 모두 함께 머리를 맞대고 오랜 기간 준비한 작품이며, 내가 나오는 장면은 나만의 것이 아니란 점을 알아야 한다. 그리고 이걸 배우는 것이 영화제작 교육이 주는 가르침 중의 하나이다. 그럼에도 불구하고 학생이 부담스러워 하면 교사는 과감하게 영상을 폐기할 수도 있어야 한다.

어떤 주제도 담을 수 있는 학급다큐멘터리

학급다큐멘터리(이하 학급다큐)를 촬영하게 된 건 특별한 동학년 교사를 만나고 나서부터였다. 그 교사의 학급은 매일 아침마다 오카리나를 연습하는 학급이었는데, 처음엔 복도를 통해 들리는 연습 소리가 소음에 가깝게 느껴졌다. 그러나 한 달 두 달 연습 기간이 길어질수록 조금씩 합이 맞더니 이윽고 아름다운 음악이 되었다. 그 학급의 학생들은 서로를 도왔고 함께 무대를 만들었다. 학예회와 별개로 10월 마지막 주엔 그 학급만의 발표회에 부모님들을 초대하였다. 그 학급이 그렇게 하고 있는 줄은 그 전에도 알았지만, 이 일이 얼마나 많은 노력 끝에 이뤄진 것인지는 그때 처음 알았다. 그 발표회를 끝으로 더 이상 아침에 오카리나 연습 소리는 들리지 않았다.

그 반이 오카리나 발표회를 마쳤을 때 우리 반은 영화제작 과정을 시작했다. 한 해 동안 가장 기억에 남는 고민을 함께 정하고, 소재들을 떠올리고, 시나리오를 작성했다. 그 영화가 바로 날마다 싸우는 두 명의 학생을 지켜본 다른 친구들의 서로 다른 이야기를 묶어낸 〈어찌어찌 시작된 이야기〉였다. 우리는 어떻게 시사회를 할까 고민하다 재미있는 생각을 했다. 5학년이 6학년의 졸업식 의자 설치를 맡았는데, 그날 의자를 설치하고 방송을 세팅하면서 학년 전체와 영화를 보기로 한 것이다. 이 이야기를 들은 다른 반에서도 저마다의 장기자랑을 준비하면서 졸업식장이 학년 축제의 장이 되었다.

시사회를 마치고 난 뒤 동학년 선생님들은 저마다 학급에서 있었던 굵직굵직한 노력들을 서로 칭찬했다. 오카리나부터 우리 반의 영화시사회까지. 다른 반들의 것들도 있었지만 왜 이것만 기억에 남는지 그해 겨울방학 동안 내내 고민했다. 고민은 계속 꼬리에 꼬리를 물었다.

"어떻게 하면 짧은 시간 안에 그간의 노력한 과정들을 충분히 보여 줄 수 있을까?"

"보는 사람들은 이 무대를 위해 아이들이 얼마나 고민하고 수고했는지 그 시간들을 다 알까?"

"무대에 올리지 못한 다른 활동들은 어떻게 소개되어야 할까?"

"문집 만들기, 협동화 그리기, 학급별 대항 스포츠 리그, 아이의 성장과 변화, 그런 것들도 담아낼 방법이 없을까?"

이런 고민을 하다가 새 학년이 되었고, 첫날 한 해의 계획을 세우면서 작년에 본 오카리나 이야기를 아는지 학생들에게 물었다. 그 일은 생각보다 아이들 사이에서 꽤나 잘 알려진 이야기였다. 무언가 자신들이 열쇠를 쥐었다는 생각을 했는지 아이들은 입을 모아 "저희도 하고 싶어요."라고 말했고, 자연스럽게 투표를 실시하게 되었다. 후보로 올라온 것 중에 당시의 알파고 열풍으로 인한 '바둑', 그리고 '마라톤'이 가장 많이 나왔는데, 문제는 두 가지 최종 후보를 지지하는 아이들이 너무 극단적이었다. 그래서 아이들은 반장들에게 최종 선택 방법을 정하게끔 하자고 했다. 두 가지 모두 해 보고 싶었던 활동이라 흥미진진하게 복도에서 반장들 회의가 끝나길 기다렸는데, 반장들이 와서는 다섯 가지 후보를 놓고 제비를 뽑겠다고 결정해 왔다. 그리고 그 회의의 결과는 정말 충격적이었다.

"부채춤으로 정해졌습니다."
"……헐!"

교실은 혼란에 빠졌고, 오직 딱 한 명만이 주먹을 쥐며 "오, 예!"를 외치고 있었다. 부채춤을 적어서 낸 학생이었다. 세상에, 부채춤이라니! 그때 머릿속에 번개처럼 뭔가 번뜩 스쳤다. 이 상황 자체를 다큐멘터리로 찍어야겠다는 생각에 아이들에게는 양해를 구하고, 급히 핸드폰을 꺼냈다.

"방금 이 이야기 다시 한 번만 더 해 보자."

이렇게 다큐멘터리 촬영이 시작되면서 작년의 고민들이 한 번에 꿰어지기 시작했다. 오랜 기간의 노력을 보여 줄 수 있는 매체, 어떤 주제도 담을 수 있는 방식, 성장과 변화의 과정이 드러날 수 있는 것이 바로 학급의 활동을 주제로 한 다큐멘터리였다. 뒤에 이름을 붙인 것이지만 이런 영화를 '학급다큐멘터리'라고 부르기 시작했다. 학급다큐를 준비하면 할수록 학급 활동의 과정을 제대로 보여 줄 수 있겠다는 확신이 들었다.

〈부채의 꿈〉을 만드는 동안 많은 일들이 있었는데, 부채춤에 대해서 조사하기, 부채가 없어서 맨손으로 동작을 연습하기, 8마디 부채춤 동작 만들기, 32마디 동작 만들기, 큰 꽃무늬 만들어 보기, 안무곡 정하기, 최종 안무 정하고 암기하기, 리허설 날짜 정하기, 친구들 초대하기 등으로 하루하루를 보냈다. 그렇게 시간이 흘러 1학기 말이 되어서 학년 전체 학생들을 모아서 무대에 선보였다. 자신들도 학예회 때 뭔가 보여 줄 수 있게 해 달라는 아이들의 요청을 받았고, 자신감이 생긴 나는 이 과정 전체를 모두에게 보여 줄 야심찬 다큐멘터리 시사회를 잡았다. 바로 학부모 공개수업 시간이었다.

학부모 공개수업이 있던 날, 책상과 의자는 교탁이 아닌 TV를 향하도록 배치했다. 그리고 판서 대신 현수막을 붙였다.

'오늘은 우리 영화 보는 날'

교실에 한 분 두 분 보호자들이 들어오셨고, 일찍 오신 분들은 영화에 대한 소개가 적힌 지도안을 살펴보았다. 시작을 알리는 종이 울렸다.

"지금부터 〈부채의 꿈〉 시사회를 시작하겠습니다. 앞좌석은 발로 차지 마시고, 화장실은 조심해서 다녀오시기 바랍니다."

그리고 보호자들은 아이들 옆에 놓인 교사용 의자에 앉아 35분짜리 다큐멘터리를 시청했다. 상영 시간을 몰랐던 보호자들은 영상이 조금 길어 보이자 처음에는 당황했지만, 과정이 지나갈 때마다 함께 울고 웃었다. 극영화를 통해 연출된 모습을 보여 주는 것과는 또 다른 모습이었다. 아이들이 평소 학교에서의 실제 자기 모습을 보여 주는 시간이었다. 영화가 끝나고 보호자들이 관람평을 한마디씩 하는 것으로 수업을 마쳤다. 며칠 뒤 직원 모임에서 연구부장의 입을 통해 이날 보호자들의 반응을 알게 되었다. '이런 수업은 처음이었고, 이런 감동도 처음이었다.'는 이야기를 적어서 제출했다는 것이다. 잠깐 교실을 스쳐 지나간 관리자나 연구부장은 도대체 뭘 했길래 이런 후기가 나왔냐고 궁금해 했다.

여기까지가 첫 번째 학급다큐인 〈부채의 꿈〉이 탄생한 이야기이다. 그 이후 꼬리에 꼬리를 무는 고민이 다시 시작되었다.

'다큐멘터리 속의 모습을 아이들은 어떻게 받아들이고 있을까?'

'처음 느껴 보는 감동의 정체는 무엇일까?'

부채의꿈

〈부채의 꿈〉 포스터

'나는 왜 무리를 해 가면서까지 과정 전체를 긴 호흡으로 보여 주고 싶었을까?'

'변화의 결과가 아닌, 변화의 과정을 보여 준 이 활동이 공개수업 문화에 던지는 메시지는 무엇일까?'

이 질문의 답을 함께 찾기 위해 QR코드를 통해 제시된 다큐멘터리를 꼭 봐 주시면 좋겠다. 제작에 참여한 학생들과 교사도 미처 발견하지 못한 숨은 가치를 관객이 발견해 주면 좋겠다.

코로나 시대의 기적 ———————————————

코로나가 광풍을 몰고 온 2020년, 학교는 정상적으로 개학을 하지 못했고 처음으로 온라인수업을 준비하게 되었다. 그러다가 학생들을 학교에서 다시 만나기는 했지만 분위기가 삼엄한 건 사실이었다. 아이들과 매 학기마다 한 편씩 영화를 찍어 왔지만 이때는 닥쳐 오는 여러 가지 현안을 대처하기도 어려웠다. 그렇게 1년이 지나 자신들도 영화를 제작하게 될 거란 기대를 가졌던 학생들은 다소 실망했다. 중간중간 짧게 뮤직비디오 만들기나 다른 활동을 했지만 그래도 아쉬워 하는 학생들과 이 혼란스러웠던 1년을 기억해 보자고 아이디어를 모았다. 평소 이런저런 기록들을 수업 때마다 많이 남겨 두었기 때문에 가능했던 일이다. 1년 동안 찍은 사진을 돌려보던 아이들이 우리가 코로나임에도 해 왔던 놀이들을 기록하면 좋겠다고 이야기했다.

사실 그 놀이들은 아이들을 위한 선물 같은 것이었다. 코로나로 아이들은 한껏 위축되어 있었고, 친구들과의 만남이나 여타 교류도 없이 1년이 지나갔기 때문이다. 그래서 접촉하지 않으면서 안전한 놀이들을 생각해 내려고 무던히 애를 썼다. 그렇게 기록한 놀이들이 65가지였다. 개수는 많지 않지만 절박한 마음으로 진행한 놀이들이었다. 영화의 구성은 단순했다. 순번을 매겨 놀이를 늘어놓은 기록영화였다. 그리고 부모님들께는 아이들과 함께 인터뷰를 촬영해서 메신저로 보내 달라고 부탁드렸다. 인터뷰 장면을 통해 아이들은 처음으로 친구의 마스크 안 쓴 얼굴을 보기도 했다. 이렇게 묶인 내용이 지금까지 만든 모든 영상 중에서 가장 긴 55분짜리 영상이 되었다. 시사회를 마친 우리들은 이 영화의 제목을 이렇게 붙였다.

'코로나 시대의 기적'

코로나 시대를 관통한 지금 다시 생각해 보아도 '기적'이란 말이 가장 잘 어울렸던 학급다큐였다.

영화와는 또 다른 생명력을 지닌 OST

영화에는 다양한 오디오가 들어간다. 현장에서 녹음된 소리, 효과음으로 쓰인 폴리 사운드, 대사를 다시 녹음한 후시녹음, 그리고 배경음악 등이 모두 영화에 들어가는 오디오다. 그중에서 배경음악을 BGM이라고 부르고, 원래 음원을 OST라고 한다.

음원을 사용할 때 가장 조심해야 할 것은 저작권 문제이다. 상업용 음원을 사용하여 만든 영화를 단순히 유튜브 등에 올리는 것이라면 괜찮다. 유튜브에 올라온 영상에 음원이 사용되면 자동으로 저작권자에게 광고 수익이 배분되기 때문이다. 그런데 이후에 영화제 등에 출품한다면 문제가 생긴다. 따라서 영화제 출품 등을 염두에 둔다면 저작권 문제가 없는 음원을 사용하거나, 직접 제작한 음원을 사용해야 한다. 기존 음원들 중에 어린이들의 속마음을 생생하게 나타내는 것들이 많지 않기 때문에, 작사와 녹음 등이 어려운 작업이긴 해도 직접 음원을 만들어 사용하는 것이 가장 좋은 방법이다.

노래를 만드는 일이라고 하니 덜컥 어려움부터 느낄 수도 있지만, 몇 가지 방법을 차용하면 생각보다 쉽게 노래를 만들 수 있다. 단 한 개의 악기로 코드 반주 정도를 할 수 있다고 가정한 경우의 이야기이다.

음원을 보면 크게 작사, 작곡, 편곡 정보가 적혀 있다. 가사를 쓰는 일이 작사, 곡을 만드는 일이 작곡, 이 두 가지를 바탕으로 음원이 될 수 있도록 악기를 배치하고 녹음하고 정리하는 일이 편곡이다. 이 작업을 학교에서 아이들과 함께할 수 있는 가장 간단한 방법은 잘 만들어진 노래를 참고하는 것이다. 가사를 쓸 때 다른 노래의 노랫말 라임을 참고하면 쉽다. 이때 주의할 점은 어떤 노래에서 운율을 가져왔는지 누가 만든 노래인지를 모르게 하는 것이 좋다. 자기도 모르게 원곡의 영향을 받게 되기 때문이다. 대중적이고 잘 알려진 동요들의 운율은 노래 부르기에 적절하다. 다음은 아이들과 가장 최근에 만든 〈공기왕〉 OST의 노랫말이다. 이 노래의 운율은 동요 〈비행기〉에서 글자수를 빌려왔다.

하늘 높이 던져라 / 공기를 던져라 / 높이높이 던져라 / 나는 공기왕

학생들에게 노래를 직접 만들자고 하면서, 필요한 노래의 길이가 1분이 채 안 될 것 같아 글자수만 제시하고 함께 노랫말을 만들어 갔다.

일반적인 노래와 달리 영화 OST는 노래가 어느 부분에 쓰일지 생각하고 그때의 감정, 분위기, 필요한 내용 등을 담아야 한다. 학생들에게 이런 내용을 안내하고 종이를 나눠 준 다음 운율에 맞춘 가사

를 함께 써 보자고 했다. 그렇게 모은 노랫말들을 하나씩 읽으며 서로의 의견을 묻고 가장 반응이 좋은 가사를 모아 묶었다. 물론 학생들과 함께 만들지 않고, 교사 혼자서 가사를 만들 수도 있다. 영화 〈약한 학교〉에 쓰인 OST 〈우유 강요 송〉이 그런 경우이다.

엄마 제발 우유 신청하지 말아요
엄마 제발 우유 신청하지 말아요
욕심으로 신청한 우유 너무 부담돼
엄마 제발 우유 신청하지 말아요

얘들아 우유 좀 먹어라 정말 짜증 나
얘들아 우유 좀 먹어라 정말 짜증 나
이게 다 너 좋으라고 하는 거잖아
얘들아 우유 좀 먹어라 정말 짜증 나

날마나 남는 우유를 보며 스트레스 받은 교사의 마음을 투덜대듯 쓴 가사이다. 가사를 쓰고 나면 이제 곡을 만들어야 한다. 곡을 쓸 때의 좋은 점은 '악보'로 만들 필요가 없다는 것이다. 음악 실력이 좋은 사람이라면 악보로 만들 수도 있겠지만, 교실에서 OST를 녹음할 때에는 음원이 딱히 필요 없다. 필요한 건 멜로디와 반주다. 이 둘 중어느 하나를 먼저 작업하면 된다.

노랫말을 흥얼거리면서 입에 붙는 멜로디를 모둠이나 개인별로 만들어 본 뒤, 기타나 건반으로 연주해 가며 적절한 화음을 찾는 게 첫 번째 방법이다.

두 번째 방법은 잘 알려진 코드 진행을 참고하는 것이다. '캐논 코드'라고 불리는 C-G-Am-Em-F-C-Dm-G 진행의 흔한 코드를 이용한다. 이 코드를 반주하는 것만으로도 사람들은 저마다 엄청나게 다양한 노래들을 떠올릴 것이다. 인터넷 사이트 중에는 이렇게 코드를 넣었을 때 정한 스타일에 맞추어 반주를 해 주는 사이트들도 있으니 참고할 수 있다(musicca.com). 반주를 들으면서 가사를 흥얼거리고, 멜로디를 만들어 반주와 같이 녹음하면 된다. 고급 녹음이 아니라면 휴대폰, 일반 카메라 등으로 녹음하면 된다. 만약 정식 MR로 다시 녹음하고 싶은데 음원을 제작해 줄 사람이 없다면, '크몽'(kmong.com)같은 서비스를 이용할 수도 있다. '크몽'은 자신의 재능에 적당한 수고비를 받고 작업해 주는 사람들이 모인 플랫폼이다. 동요 반주용이라면 2~3만원 정도의 비용으로도 MR을 구할 수 있다. 뿐만 아니라 채보를 통해 악보를 제작할 수도 있다. 이렇게 제작된 음원들은 저작권이 제작자인 교사와 학생들에게 있기 때문에 자유롭게 영화제에 출품할 수 있다.

이런 음원들은 영화와는 별개로 또 다른 생명력을 가지기 때문에 특별한 가치가 있다. 유명 애니메이션들이 노래로 기억되는 걸 생각해 보자. 〈겨울왕국〉은 let it go, 〈알라딘〉은 a whole new world, 〈코코〉는 remember me가 떠오르지 않는가?

친구에게

학급영화 <빈자리>는 특별한 사연이 있는 영화다. 어느 날 갑자기 전학 간 친구의 책상 위에 이름 모를 물건이 하나씩 놓이는 것으로 시작하는 영화인데, 실은 그 친구가 사고로 목숨을 잃었다는 내용이다. 물건을 가져다 놓는 친구는 그 비밀을 아는 친구인데, 다른 사람들은 귀신이 가져다 놓은 것인 줄 알고 허무맹랑한 이야기를 꾸며 내다가 결국 사실을 알게 된다. 영화의 마지막에서 사고를 당해 목숨을 잃은 아이가 자신의 책상에 놓인 물건들을 모두 가지고 운동장을 떠나는 것으로 이야기가 끝이 난다. 이 영화에 나온 이야기는 몇 해 전 실제로 있었던 이야기이다. 우리 반은 아니었지만 마지막 인사를 건네지 못한 선생님들과 아이들은 그 이야기를 생각할 때마다 마음이 아파도 애써 잊으며 살아갔다. 마침 우리들이 가장 공포스러워 하는 일을 주제로 영화를 만들기로 했을 때 이 일이 떠올랐다. 그렇게 이 이야기는 영화가 되었다. 이 영화는 꼭 아이들의 목소리로 OST를 녹음해야겠다고 생각했다. 마지막 인사를 건네는 방식으로 끝내고 싶었기 때문이다. 우리가 함께 만든 노랫말은 이렇게 완성되었고, 영화 작업에 도움을 주는 친구 조대근 작곡가의 손을 거쳐 곡이 완성되었다.

나의 소중했던 친구야 보고 싶다

벌써 그립다 내 모습 떠올라

항상 함께했던 시간이 좋았어

우리 즐거웠던 추억을 기억하자

친구에게 OST

손잡고 걸었던 길 우리 행복했던

그날 그때처럼 또 다시 마주하길

나의 소중했던 친구야 보고 싶다

우리 즐거웠던 추억을 기억하자

빈자리

녹음 장비가 따로 없어서 카메라를 이용해 녹음했더니, 아이들이 긴 프로젝트의 마지막을 즐거워하며 떼창으로 노래를 씩씩하게 불렀다. 완성된 영화를 봐 달라고 부탁드린 다른 선생님들이 있었는데 그중의 한 분이 아이들과 함께 노래를 만드시는 이호재 선생님이었다. 이호재 선생님이 천보민 학생의 목소리로 부른 노래를 다시 녹음해 주시면서, OST로 화룡점정을 찍게 되었다. 지금도 이 영화를 떠올리면 제일 먼저 천보민 어린이의 목소리로 부르는 노래 〈친구에게〉가 가장 먼저 생각난다. 이 노래는 모두와 함께 듣고 싶은 노래다.

아이들과 함께할 수 있는 영화제

어린이와 청소년을 위한 영화제는 수없이 많다. 이 내용은 다른 장에서도 다루고 있으니 여기서는 조금 특별한 영화제에 대한 이야기를 해 보고자 한다. 바로 '무등영화제'이다. 영화제에 영화를 출품하고 수상을 한다면 좋은 경험이 되겠지만, 그렇지 못한 작품들은 아쉬움이 남는다. 단순히 상을 받지 못해서 오는 아쉬움이 아니다. 영화를 통해서 던지고 싶은 메시지가 있는데 그것을 전할 기회가 없었다는 점 때문이다.

영화제 출품도 쉽지 않다. 영화제마다 내용들은 비슷하지만 양식이 모두 다르고, 국제영화제 타이틀이 있는 곳은 선정 후에 영어 자막을 요구하기도 한다. 상업영화들은 제작과 배급의 역할을 서로 나누어 하지만, 교육영화들의 경우 담당교사의 열정 없이는 불가능한 일이다. 그리고 열정적으로 교육영화를 만들어 출품한다 해도 영화제 수상의 기회가 보장되는 것이 아니다.

아이들과 함께 만든 영화가 영화제에서 수상하고 상영되는 영광을 누린 적이 있다. 창원에서 열리는 3.15청소년영상제에서 학급영화와 다른 작품들이 수상했다. 학생들이 객석을 가득 메웠으며 작품이 상영되고 시상식도 했다. 다녀오는 길에 수산시장에 들러 학생들과 맛있는 대게도 먹었는데, 이 모든 게 상금을 받아서 가능했다.

이것 말고도 국제영화제 본선에 올라 개막식, 폐막식, 상영회에 초청을 받았는데 정작 아이들은 서울에서 열리는 이 영화제에 참석하지 못했다. 상금은 없지만 아쉬움이 남지 않게 비용 일체를 내겠다고 부모님들께 말씀드렸지만 호응해 주시는 분이 없어서 지금도 아쉬움으로 남는다.

그런데 아이들도 참여할 수 있는 영화제가 있었다. 바로 광주의 영화제였다. 중학생 이상의 청소년만을 대상으로 하는 영화제이지만, 초등 부분으로 특별히 허락해 주어 참여한 영화제였다. 그런데 이 영화제에 참여하고 나서 영화제의 그늘을 명확히 알게 되었다. 많은 영화제들은 시상을 중요하게 생각한다. 이때도 그랬는데, 시상식의 한 순서로 대상을 받은 작품이 상영되었다. 마치 창원에서 우리 작품이 상영되었을 때처럼 말이다. 그때 알게 되었다. 우리 영화를 보던 아이들 중에는 지금 우리처럼 출품자이면서 단순 수상을 위해 온 아이들도 있다는 것을 말이다.

그 이후로는 영화제에 대한 생각을 바꾸기로 했다. 좀 더 적극적으로 우리들에게 맞는 영화제를 만들어 보기로 했다. 시상이 아닌 상영이 목적인 영화제, 가족과 친구들이 함께 갈 수 있는 영화제, 누구나 주인공이 될 수 있는 영화제. 그게 바로 광주 지역의 학생영화제인 '무등영화제'였다.

무등산은 '등급이 없는 산'이란 뜻이다. 등급이 없는 게 아닌, 등수를 잴 수 없는 영화제로 '무등'이란 이름을 붙이기로 했다. 이러한 기치 아래 학생들과 함께 만든 영화를 상영하고 함께하고 싶은 선생님들이 뜻을 모았다. 자신의 영화에 대해 질문을 주고받는 GV에 참여한 아이들이 주인공이 되어 영화관을 가득 메웠다.

이러한 움직임에 발맞춰 지역 영화 관련 모임이나, 교육청의 제작 과정에서도 학생들이 보러 올 수 있는 시간대에 영화를 상영하는 일 등과 연결되었다.

영화를 스크린에 걸고 이야기를 나누고 싶다는 소망이 이루어진 지금, 영화제의 다음 방향은 어디로 향해야 할까? 교육 프로그램 운영일까? 다른 곳에 프로모션을 대행해 주는 일일까? 로컬의 의미를 더 살리는 영화제일까? 관객은 없고, 주최자만 가득한 영화제에 미래가 있다고 할 수 있을까? 명확하지는 않아도, 참여하는 아이들과 선생님들의 필요를 상황에 맞게 풀어 가는 것이 그 정답일 것이다.

포스터 만들기로 영화 요약하기

영화 포스터 만들기는 영화를 딱 하나로 요약하는 즐거운 시간이다. 영화 포스터는 후반부 작업의 막바지이기 때문에 어떤 내용으로 어떻게 만들지를 생각하는 것만으로도 제작진은 무척 즐겁다.

영화 포스터에는 주로 영화 제목, 영화에 대한 흥미를 불러일으킬 수 있는 간단한 소개, 출연 및 제작진, 제작 시기 등의 내용이 담긴다. 영화제 수상을 한 경우에는 영화제 로고와 수상 여부를 도장처럼 붙이기도 한다. 뒷배경에는 영화의 한 장면이나 포스터를 위해 촬영된 사진, 디자인된 이미지나 학생들이 그린 그림들이 사용된다.

초등에서는 영화 포스터 만들기를 재미있게 할 수 있는 방법이 많다. 특히 미술 시간을 이용하면 재미있는 협동 작품을 만들 수도 있다. 그런데 영화 포스터 만들기 시간을 활용하여 또 다른 교육활동을 할 수도 있다. 바로 영화에 대한 요약 활동이다. 영화에 대한 요약을 영상으로 만들면 예고편이 된다. 글로 적으면 시놉시스나 신문 기사가 된다. 이 내용을 이미지화하면 포스터가 되는 것이다.

이 활동의 목적은 학급영화를 소개할 때 보는 사람들의 궁금증을 증폭시키고 관심을 불러일으키는 것이다. 영화가 완성되기 전 초안을 함께 보고 나서 작업을 시작하면 좋다. 먼저 이야기 전체를 다섯 단계로 나누어 본다. 손가락을 하나씩 접으면서 처음 부분은 어땠는지, 가장 하이라이트는 어디인지 등을 이야기해 보는 것이다. 이것은 초안에 대한 피드백이기도 해서 큰 도움이 된다. 그리고 난 다음 이 중에서 사람들이 영화를 보기 전에 미리 알면 안 되는 내용을 제외한다. 그렇게 한 문단 정도의 글로 정리하면 영화의 시놉시스와 유사해진다.

• 학급영화 : <카톡친구 오징어>
친구들 사이에서 외톨이로 불리는 김민성. 민성이는 친구들 대신에 카톡친구AI를 만들어 대화를 나눈다. 이를 옆에서 지켜보던 박찬의는 우연한 계기로 민성이의 카톡을 보게 되는데……

이 내용을 다시 한 문장으로 줄인다.

카톡친구 오징어

찬의는 우연히 외톨이인 민성이에게 카톡친구[AI]가 있다는 걸 알게 된다.

그리고 몇 개의 키워드로 줄이고, 최종 후보 키워드를 고른다.

외톨이, 카톡친구, 친구

이렇게 요약해 보면 이야기의 주제와 소재 등이 명확해진다. 영화 제작을 시작할 때 구성했던 내용과 비교해 보면 원하는 대로 잘 만들어졌는지도 확인할 수 있다.

이런 문장과 키워드를 중심으로 영화의 장면도 추려 나간다. 인상적인 장면들을 다섯 개 정도 고르고, 미리 공개되면 안 되는 장면을 제외한다. 그리고 한 장면으로 줄이면 포스터를 완성할 수 있다.

이렇게 단계를 밟아 가는 과정 자체도 훌륭하지만, 반대로 자유롭게 각자 포스터를 만들어 그중에서 뽑는 것도 재미있다. 저마다의 방식으로 영화를 표현해 내기 때문에 쑥스러워서 말하지 못했지만 예상치 못한 훌륭한 작품으로 표현해 내는 학생들도 있다.

영화 포스터 그리기는 영화제작 수업뿐만 아니라, 감상 수업에서도 자주 하는 활동이다. 영화를 본 다음 갈무리를 위한 활동으로 해 볼 수 있다. 학급다큐〈마라톤을 향한 우리의 다짐〉을 촬영할 때에는 날씨가 관건이었다. 비가 오면 달리기를 할 수가 없기 때문이다. 그래서 비가 온 날〈쿨 러닝〉이라는 영화를 함께 보았다. 눈이 오지 않는 열대 국가 자메이카에서 봅슬레이 대회에 출전한다는 이야기를 담은 영화이다. 불가능에 도전하는 유쾌한 사람들의 이야기를 인상 깊게 본 우리들은 영화의 내용을 담아 포스터 만들기를 했다. 이날 만든 포스터들은 마라톤 다큐의 작품을 만드는 데 큰 영향을 주었다. 아이들이 직접 그린 포스터를 완성하고 나면, 사진으로 만든 것보다 더 애정이 갈 수밖에 없고 그 원화가 정말 보물처럼 느껴진다.

영화 〈쿨 러닝〉을 본 후 만든 포스터

영화 포스터는 영화를 다 보여 주기 힘들 때 간단하게 영화를 소개하기에 정말 좋은 수단이 된다. 작업해 온 것들을 짧은 시간에 소개하기에도 좋다. 지금까지 작업한 학급영화들 중에서 개인적으로 가장 마음에 들었던 포스터는 〈오해중 이해중〉의 포스터이다.

공원에서 촬영한 이 장면은 영화의 가장 하이라이트에 해당하는 부분이다. 공원에 놀러간 두 친구처럼 보이지만, 도로 중앙선을 사이에 두고 서 있다. 남학생과 여학생은 표정, 옷차림, 가방, 헤어스타일, 말투까지 모든 부분이 서로 다르다. 길의 위치에 따르면 한 명은 오르막길, 한 명은 내리막길로 가게 된다. 이 영화는 한 발자국 떨어진 곳에 있는 두 학생의 이야기이다. 포스터만으로 영화의 구체적인 사실을 알긴 어렵지만, 두 학생이 뭔가 사연이 있어 보인다는 것, 서로 다른 삶을 살아 왔다는 것, 앞으로 뭔가 달라질 것이라는 것을 어렴풋이 암시하고 있다. 게다가 영화의 제목인 〈오해중 이해중〉이란 말장난까지 의미심장함을 더한다. 누구는 이해하고, 누구는 오해할 것인지에 대해서 궁금함을 자아내며 영화가 시작된다.

〈오해중 이해중〉의 포스터

동아리 중심
교육영화

심훈의 상록수 정신을 기리다 〈그날이 오면〉(2019)

- 제작년도: 2019년
- 장르: 극영화
- 감독: 박서연(1학년)
- 제작 기간: 6개월
- 제작 지원: 충청남도교육청
- 영화 소개: 작가이자 영화인, 저널리스트이며 독립운동가 심훈 선생의 일대기를 그린 영화
- 수상 및 초청 내역
- -감사패(심훈상록문화제집행위원회)
- -2019 제21회 청소년창작영상제 우수상
- -제7회 춘천영화제 어린이청소년부문 본선 진출

-3·1운동 100주년 및 대한민국임시정부수립 100주년 기념 국민참여인증사
　업 중 대표사업 선정 청와대 대통령 오찬 초청
-제43회 심훈상록문화제 초청 상영
-제2회 꿈민정음한마당 초청 상영
-제4회 당진시독서문화축제 초청 상영
-제3회 김포국제청소년영화제 조직위원회 발대식 초청 상영

영화에 첫발을 내딛다

　2018년부터 5년 주기로 충청남도교육청과 당진시는 '당진행복교육지구사업'을 추진하고 있다. 우리 학교는 2019년 당진행복교육지구사업 중 마을기반교육과정운영 프로그램에 지원하여 총 4개교 중 한 학교로 선정되었고 1,000만 원을 지원받았다.

　2016년 향토문화대전 중 하나인 '디지털당진문화대전' 집필진으로 참여해 다양한 분야의 표제어를 작성한 적이 있었다. 이때 문학 분야를 집중적으로 집필했는데, 주로 지역 전설과 심훈 작가 관련 표제어를 담당하게 되었다. 14개의 관련 표제어를 집필하기 위해 심훈의 생애를 되짚어 볼 수 있는 각종 자료를 찾아 공부하고, 관련 인물들을 인터뷰하면서 그의 삶을 차곡차곡 기록했다. 이 과정에서 한 인물의 삶이 정말 영화 같다고 느꼈다.

　2019년 당진행복교육지구사업 공고가 떴을 때 문득 잊고 지냈던 심훈 작가를 다시 떠올렸다. 마을의 교육 자원을 학교 교육과정에 녹여 낸다면 얼마나 좋을까? 우리 지역에서는 해마다 9월 말 '심훈

상록문화제'라는 축제를 열어 심훈의 상록수 정신을 기리고 있다. 하지만 심훈상록문화제도 여느 지역의 문화제(축제)와 다를 바 없이 본래의 취지는 흐려지고 그저 먹고 즐기는 연예인 공연, 야시장, 먹거리장터 등이 주를 이루고, 축제의 이름이 무색하게 '심훈'이 전혀 떠오르지 않는 문화제가 열리고 있었다. 이런 현실을 바꿀 수는 없을까 고민하던 중 마을기반교육과정운영 프로그램 공모에 지원하게 되었고, 영화제작 경험은 전혀 없었지만 학생들과 영화를 제작해 지역 행사에 함께 참여해 보겠다는 생각으로 영화 창작 동아리를 구성하였다. 동아리 이름이 필요해서 아이들과 여러 이름을 놓고 고민했는데 너무 흔하지 않으면서 의미 있는 이름을 찾기가 쉽지 않았다. 그러다 문득 백석 시인의 〈흰 바람벽이 있어〉라는 시가 생각났다. 시 속 화자는 손깍지 베개를 베고 방바닥에 누워 하얀 벽을 바라보면 그의 눈앞에 펼쳐진 '흰 바람벽'에 그리운 이들의 얼굴이 떠오르고 수많은 생각들이 글자가 되어 지나간다고 말한다. 자막이 뜨는 '스크린'이야말로 '흰 바람벽'이 아닌가! 아이들에게도 스크린이 흰 바람벽 같은 것이면 좋겠다는 생각이 들었다. 우리가 외치는 메시지를 담아 세상과 소통하는 '흰바람벽'은 그렇게 탄생했다.

무모한 도전

학교에서 이루어지는 모든 교육과 지도는 당연히 해당 분야에 대한 전문 지식을 갖춘 교사가 해야 한다. 사실 영화제작에 대한 열망만 있을 뿐 아무런 지식이 없던 나는 학생들과 함께 영화를 만들기 위해 우선 두 가지를 준비했다. 하나는 아이들이 심훈의 문학 세계와 일대기를 배울 수 있는 기회를 갖는 것, 다른 하나는 영화제작 방법을 배우는 것이었다. 우선 같은 학교 동료 선생님과 1학년 10개 반 학생들에게 심훈의 〈상록수〉를 읽게 하고 독서 감상 발표하기 수행평가를 준비했다. 실제로 고등학교 문학 교과에서 〈상록수〉를 다루는 경우도 있지만 학생들이 〈상록수〉를 찾아서 읽는 경우는 드물기 때문에 수행평가를 통해서라도 지역 문인의 작품을 읽어 보는 기회를 가지면 좋겠다고 생각했다.

마침 그해 1학년 수학여행이 지자체의 지원을 받아 항일독립운동 유적지 해외 탐방 프로그램으로 운영되어 행선지를 상해로 결정했다. 상해는 심훈이 3·1운동에 참가한 죄로 옥살이를 하고 출소하여 중국으로 망명해 정착한 지강대학이 있는 곳이기도 했다. 수학여행을 준비하면서 1학년 학생 전체를 대상으로 심훈의 일대기와 지강대학에서 극문학을 공부했던 시절에 대해 특강을 했다.

한편 영화제작에 대한 기본 계획을 세우고 영화 창작 동아리 학생들을 모집했다. 개교 이래 처음 생긴 동아리라서 자료도 정보도 없는 상태였지만, 감독부터 조연출, 촬영, 작가, 분장, 소품, 음향, 조명, 편집에 이르기까지 영화 촬영에 필요한 스태프를 중심으로 학생 모집에 나섰다. 중학교에서 영상을 만들어 본 경험이 있는 학생이 담임교사의 추천으로 감독에 지원했다. 헤어와 메이크업을 진로로 결정한 학생은 소품, 분장 팀으로 지원했다. 글쓰기를 좋아하는 학생은 작가로 지원했고 편집 경험이 많은 학생이 편집 팀에 지원했다. 무(無)의 상태에서 이렇게 모인 스태프를 중심으로 동아리를 구성하고 본격적으로 영화 창작 동아리를 운영하기 시작했다.

영화를 배우다

영화를 만들기 위해서는 당연히 영화를 배워야 했다. 마침 학교에서는 한국문화예술교육진흥원에서 강사를 지원받아 창의적체험활동 중 자율활동 시간에 영화교육을 실시하고 있었다. 그 강사에게 영화 창작 동아리 지도를 부탁했지만 개인적으로 시간을 내기 어려워 다른 강사를 소개받았고, 새로 온 강사와 영화제작 전반에 대한 본격적인 교육을 시작했다. 기본 시나리오는 이미 내가 작성해 놓은 상태였고, 동아리 학생들과 일부 에피소드를 가감하며 시나리오 수정을 했다.

예술 강사는 동아리 학생들에게 영화제작 전반에 대해 교육하고 지도했다. 시나리오는 어떻게 쓰는지, 시나리오의 구성은 어떻게 해야 하는지, 촬영을 위해 무엇을 준비해야 하는지, 촬영할 때 숏은 어떻게 구성하는지, 동시녹음과 조명은 어떻게 사용하는지, 감독과 조연출의 역할, 배우의 연기 등 짧은 시간 안에 학생들은 영화제작의 전 과정을 속성으로 배웠다.

처음 영화를 만들어 보는 학생들 입장에서는 어디서부터 무엇부터 시작해야 할지 당황스러울 수밖에 없었다. 이런 상황을 감안해 학생들이 강박에 시달리거나 불안해 하지 않도록 다그치거나 강요하지 않았다. 다만 역사적 인물의 일대기를 그린 영화를 만들어야 하므로 인물을 정확하게 이해하기 위해 인물에 대한 학습은 충실하게 했다.

심훈의 일대기는 다양한 자료를 통해 쉽게 접할 수 있어서 정보를 얻기가 어렵지 않지만, 흔히 알려진 내용을 그대로 영화에 담는 것은 의미가 없기 때문에 다른 시각으로 인물을 바라보는 것에 초점을 맞추기로 했다.

기획이 답이다

2019년은 3·1운동 100주년이자 대한민국임시정부 수립 100주년인 해였다. 심훈을 공부하는 과정에서 우리 눈에는 작가 심훈보다 독립운동가 심훈의 모습이 더 두드러져 보였다. 기획 단계에서 2019년이 갖는 의미와 독립운동가로서의 심훈을 조명하며 깨달은 가치가 결과적으로 학생들이 제작한 영화를 더욱 빛나게 했다.

학생들이 한 동아리에서 제작하는 작품은 1년에 한두 편에 불과하다. 그 영화들을 더 가치 있고 빛나도록 하는 것이 바로 '기획'이다. 우리가 흔히 보는 상업영화와 비교한다면 학생들이 만드는 영화의 질이 얼마나 높겠는가. 상업영화를 따라가는 것은 현실적으로 불가능하다. 청소년 제작 영화의 핵심은 '메시지'에 있다. 학생들에게 늘 강조하는 것이 '주제의 시의성'이다. 보편적인 주제를 다루는 영화는 때와 장소에 상관없이 그 가치의 활용도를 높일 수 있기 때문에 보편적인 가치를 다루는 영화도 좋다. 하지만 시의성 있는 주제는 그 순간(기간)에만 설정할 수 있는 주제이고, 해당 시기에는 그 어떤 가치보다 빛날 수 있다. 예를 들어 영화 〈그날이 오면〉은 3·1운동 100주년인 2019년에는 큰 의미를 갖지만, 2020년처럼 101주년의 의미 찾기는 대중에게 크게 와닿지 않는 것이다. 시의성 있는 주제를 다루는 영화는 해당 시기에 임박해서 준비하면 이미 늦기 때문에 최소 1년 전쯤 기본적인 얼개를 짜야 하고, 관련 행사에 어떤 형태로 참여할지 깊이 고민해야 한다.

국가 차원의 행사가 있을 수도 있고 지역 차원의 행사가 추진될 수도 있다. 예를 들어 2027년은 지역에서 열리는 '심훈상록문화제'가 50주년을 맞는 해이다. 앞으로 몇 년의 시간이 남아 있지만 차근차근 준비하면 의미 있는 영화 한 편이 나올 수도 있는 것이다. 이렇게 기획 단계에서부터 주제 설정에 무게를 두고 논의하면 결과물의 부족함을 충분히 만회할 수 있다. 이런 기획 과정 자체가 큰 의미를 갖기 때문이다.

형식보다 내용을

심훈의 일대기를 엮기 위해서는 주인공 심훈을 알아야 하므로 동아리 학생들이 기본적인 내용을 학습하도록 지도했다. 하지만 그것만으로는 심훈의 삶을 오롯이 이해했다고 할 수는 없었다. 그래서 당진시 문화관광과 소속 문화관광해설사를 초청해 동아리 학생들을 대상으로 특강을 진행했다. 문화관광해설사는 심훈의 고택인 '필경사'와 '심훈기념관'을 주로 관리하고 해설하는 분으로, 심훈의 자녀와도 자주 소통하여 심훈에 대해서는 꽤 정통한 분이었다. 우리가 알고 싶었던 것은 책이나 이미 알려진 자료에는 나와 있지 않은 심훈의 비화들이었다. 사실 시나리오를 쓰는 입장에서 역사적 사실 자체는 그다지 매력적이지 않다. 인물의 숨겨진 이야기는 그 자체로도 충분히 흥미롭고 픽션fiction으로 만들기도 수월하다.

경성고보 재학 중 일본인 교사와의 언쟁과 유급, 만세운동 참가, 결혼 생활, 중국 망명, 기자 생활, 일본 유학, 영화에 대한 관심, 소설 〈상록수〉 당선, 당진 생활, 필경사 건축, 상경과 죽음까지 문화관광해설사를 통해 들을 수 있었던 심훈의 이야기는 다채롭고 흥미로웠다. 동아리 학생들은 이 이야기들을 어떻게 영화로 엮을지 고민하기 시작했다. 인물의 전기에 불과한 역사적 인물의 서사보다는 좀 더 풍부한 이야기를 만들어 내기 위해 아이들의 아이디어를 모았다.

영화의 장면 중 심훈의 3·1운동 참가에서 유관순 열사와의 조우 장면은 1901년생인 경성고보 재학생 심훈과 1902년생인 이화학당 재학생 유관순이 서울에서 일어난 만세운동 현장 어디에선가 만났을 수 있지 않을까 하는 상상력으로 만들어 낸 장면이다. 심훈이 경성고보 시절 만세운동에 참여한 것만 보여 주면 그것은 그저 역사적 사실일 뿐이고 대중에게 잘 알려지지 않은 하나의 에피소드에 불과하다. 하지만 3·1운동의 상징적 인물이라 할 수 있는 유관순 열사의 등장이 심훈의 만세운동 참가가 갖는 의미를 더 강화해 줄 거라고 판단했다.

심훈은 소설 〈상록수〉가 동아일보 창간 15주년 기념 장편소설 현상 공모전에 당선된 이후 홀로 상경해 〈상록수〉 단행본 발행을 위해 한성도서주식회사에서 작업을 한다. 무리한 작업이 계속되던 나날 중, 과로 속에 장티푸스에 감염되었고 1936년 9월 16일 경성제국대학 의학부 부속 의원에서 가족도 없이 외롭게 생을 마감한다.

이런 심훈의 사실적 이야기를 바탕으로 학생들은 심훈의 삶이 외롭지 않도록 가상의 인물 '만세'를 심훈의 고향 친구로 설정하고 늘 그의 곁을 지키는 장면으로 구성했다. 만세는 지적으로는 조금 부족하지만 어린 시절 '대섭(심훈의 본명)'을 절대 신임하는 순박한 청년이다. 그런 대섭이 심훈의 마지막 가는 길까지 지켜 주는 장면은 영화를 보는 이들에게 뭉클함을 전한다.

'심훈의 꿈'을 실현하는 장면도 학생들의 아이디어가 빛나는 장면이다. 심훈이 당진에서 경성으로 상경한 이유는 〈상록수〉 단행본 출간과 소설 〈상록수〉를 영화로 제작하기 위해서였다. 그러나 과로와 장티푸스 감염으로 자신의 꿈을 이루지 못하고 생을 마감하게 된다는 사실을 바탕으로 학생들은 심훈 선생이 꿈을 이루게 되는 결말 구조를 상상했다. 필경사 앞 잔디밭 소나무에 기대 앉아 있는 심훈이 지그시 눈을 감고 상념에 잠겨 있을 때, 조카 심재영이 다급한 목소리로 삼촌의 영화를 보러 온 사람들이 모여 있다고, 얼른 영화관으로 가자고 재촉한다. 이어서 장면이 바뀌어 푸른 벼들이 넘실대는 들판 한가운데를 두 사람이 걸어간다. 우연히 만난 심훈과 최용신(소설 〈상록수〉 주인공 채영신의 실제 모델)이다. 심훈은 '그날'이 올 수 있을지 회의적인 질문을 던지고, 최용신은 확신에 찬 목소리로 "그날은 꼭 올 겁니다."라며 희망을 말한다. 이렇게 심훈 선생이 이루고 싶었던 일들이 영화에서는 허구적으로나마 이루어지도록 구성하여 스토리를 더 풍성하게 만드는 식으로 영화의 질을 높일 수 있었다.

주연 배우를 캐스팅하다

고증 가능한 역사적 인물을 주인공으로 하는 영화라면 가급적 주인공과 유사한 이미지의 배우를 캐스팅하는 것이 좋다. 1900년대 초반의 인물인 심훈은 작가이자 기자로서 그 당시 인텔리에 속해서인지 사진 자료가 많이 남아 있다. 심훈을 떠올리게 만드는 동그란 뿔테 안경은 품격 있는 남성의 이미지를 나타내기에 적절한 소품이었다. 처음 심훈 역할로 캐스팅하려던 학생은 대사량이 많아 부담스러웠는지 극구 사양했다. 그래서 비슷한 외모의 다른 학생을 섭외했는데 호기심이 있었는지 다행히도 곧바로 수락했다. 사실 이 학생은 학교생활이나 학업 면에서 딱히 두드러지지 않고, 수업 중에는 약간 무기력한 모습을 보이는 학생이었다. 들리는 말에는 의하면 랩을 공부하고 있어 교과 공부에는 큰 관심이 없다고도 했다. 그런데 어쩌면 이 학생이야말로 심훈 역할에 가장 적합한 배우가 아닐까 하는 생각이 스쳤다. 바로 랩을 공부하는 학생이라는 것 때문이었다. 랩을 하려면 기본적으로 많은 양의 가사를 외워야 한다. 이번 시나리오 역시 주인공의 대사 분량이 많은 데다가 일본어 대사도 있어서 기억력이 좋은 학생이 맡아 주었으면 좋겠다고 생각하던 차였다.

시나리오 중 심훈이 일본인 교사나 형사와 대화를 나누는 장면은 시대상을 반영하여 일본어로 처리하기로 했다. 그래서 일본어를 잘하는 1학년 학생을 소개받아 일본어 번역을 부탁했고, 일본어를 전혀 모르는 배우들이 이 장면을 연기할 수 있도록 일본어를 한글로 써서 대본을 만들어 일본어 발음 지도까지 부탁했다. 일본어를 전혀

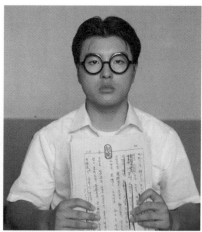

실제 심훈의 모습과 심훈 배역을 맡은 학생

모르는 학생들이었지만 일본어 대사를 통으로 외우게 했고, 상황과 분위기에 맞게 연기하도록 지도했다.

다행히 심훈 배역을 맡은 학생은 열정도 강했고, 연습도 게을리하지 않아 연기에 잘 몰입했다. 또한 수업 시간에 수업을 듣는 것보다 엎드려 있을 때가 더 많았던 학생이 영화 주연을 맡으면서 주변의 시선을 의식했는지 수업 태도가 완전히 바뀌게 된 매우 긍정적인 변화도 있었다. 영화제작 이후에도 자신이 하고 싶은 랩 공부를 더 열심히 하는 모습이 참 보기 좋았다.

더위, 그리고 매미 소리와의 전쟁

고등학생들의 영화 촬영은 여름방학부터 본격적으로 진행된다. 1학기에는 기획과 시나리오 작업, 배우 캐스팅, 장소 섭외 등을 마무리하고 여름방학이 되면 본격적으로 촬영에 들어가는데, 그 이유는 학원이나 과외 같은 사교육과 평가 일정 때문이다. 고등학생들에게 사교육 일정은 학교에 가는 일만큼이나 중요하고, 평가 일정 또한 그 어떤 것과도 바꿀 수 없는 금기의 영역이다. 그래서 가장 시간을 내기 수월한 여름방학에 영화를 촬영해야 한다. 하지만 여름방학 촬영의 가장 큰 난관은 무더위이다. 야외촬영 일정이라도 잡히면 날씨부터 걱정해야 한다. 무더위뿐만 아니라 갑자기 내리는 소나기나 장마의 영향도 많이 받기 때문이다. 실내 촬영 역시 소음 문제가 있어 에어컨을 끄고 촬영하면 촬영장은 땀 냄새로 가득 찬다.

마을 청년들이 부곡리 마을회관 앞마당에 모여서 막걸리를 마시며 야학당을 세우는 문제에 대해 의견을 나누는 장면의 촬영 준비를 하던 때였다. 점심을 먹은 후 촬영 장비를 차에 싣고 출발하려던 순간 갑자기 소나기가 쏟아졌는데 그칠 기미가 보이지 않았다. 결국 30분 정도 기다리다가 촬영이 불가능할 것 같아 학생들을 귀가시켰다. 그런데 학생들을 보내고 30분쯤 후, 언제 그랬냐는 듯이 비는 말끔히 그치고 파란 하늘이 보였다. 결국 다시 동아리 학생들을 소집하고 의상과 소품을 준비해 촬영장으로 이동했다.

옛날 마을회관으로 촬영할 만한 곳이 없어서 학교에서 차로 30분 정도의 거리에 있는 저수지 부근에 촬영 장비를 설치했다. 잔돌이 깔린 바닥은 무더위에 금세 달구어져 열기를 뿜어 내고 있었다. 당시 농민들이 입었던 얇은 홑바지 의상을 입은 배우 학생들은 뜨거운 돌바닥에 앉아 몹시 힘들어 했다. 심훈의 장조카 심재영을 비롯한 마을 청년들이 막걸리를 나눠 마시며 이야기하는 장면이라서 찌그러진 노란 양은 주전자에 막걸리잔, 그리고 막걸리 색의 음료수를 소품으로 사용했다. 날이 덥다 보니 NG가 계속되는 가운데 음료수는 점점 뜨거워지고, 마실 수 없는 상태가 되기도 했다.

문제가 된 다른 한 장면은 심훈이 동아일보 창간 기념 현상 공모전에서 소설 〈상록수〉가 당선되고 그 상금의 일부를 조카에게 건네며 야학당 세우는 일에 힘을 보태는 장면이었다. 필경사 마당 앞 솔밭에서 촬영하는데 이날따라 매미가 유난히 시끄럽게 울었다. 현장에서 촬영 장면을 다시 보며 점검하는데, 어떤 숏은 배우의 목소리보다 매미 소리가 더 크게 녹음된 장면도 있었다. 결국 동아리 스태프 중 일부가 '매미 퇴치 조'를 결성해 매미 소리가 나는 나무에 돌멩이를 던져 매미를 쫓아내고 매미가 울지 않는 약 1분 정도의 시간에 한 숏을 촬영하는 진풍경이 벌어지기도 했다.

고증으로 리얼리즘을 실현하다

심훈은 1901년에 태어나 1936년에 사망한다. 일본 제국주의의 침탈을 목도한 어린 심훈은 나라 잃은 민족의 설움을 숨기지 않고 표출했다. 그 시작은 수학 시험 백지 답안지를 제출해 조선 민족을 비하하는 일본인들에 대한 저항의 자세를 보여 주었던 일이다. 이후 심훈은 사망할 때까지 일관되게 저항 의지와 민족애를 보여 주었다.

이런 심훈의 생애를 영상으로 생생하게 보여 주기 위해서는 무엇보다도 시대적 상황을 사실적으로 재연하는 것이 중요했다. 어린 심훈이 공부했던 교실, 3·1운동 참여, 옥중 생활, 필경사 생활, 마을 청년들, 한성도서주식회사 등 공간과 각종 의상, 소품 등 당시 시대상을 짐작할 수 있는 것들을 준비해야 했다.

우선 1900년대 초반의 모습을 재현할 수 있는 장소를 물색했다. 우리에게 잘 알려진 드라마 〈미스터 선샤인〉의 촬영지 '선샤인스튜디오'가 충남 논산에 있었다. 사기업이지만 일단 촬영이 가능한지 문의했는데, 우리가 감당할 수 없는 거액의 장소 대여료가 문제였다.

하지만 포기할 수 없어 우리의 사정을 이야기했다. 고등학생들이 처음 해 보는 영화 촬영 활동이라는 점, 학생들이 만드는 영화라서 예산이 매우 한정적이라는 점, 이 장소가 아니면 상황을 재연할 만한 곳이 없다는 점을 강조했다. 결국 일주일 후 두 가지 조건으로 촬영을 허락받았다. 단체 입장료만 내고 장소를 사용할 수 있고, 촬영은 일반 관람객 입장 전까지만 가능하다는 조건이었다. 당진에서 논산까지 1시간 40분 정도나 걸리고, 그날 촬영이 전체 신의 첫 촬영이어서 걱정이 많았지만 우여곡절 속에 촬영을 마쳤다. 촬영이 끝날 무렵부터 갑자기 비가 오는 바람에 약속한 시간보다 촬영이 약간 지연되자 일반 관람객들은 자신들의 관람을 방해한다고 불만 섞인 소리를 내뱉으며 지나가기도 했다.

어린 심훈과 일본인 수학 교사가 대립하는 장면을 위해서는 옛 교실이 필요했다. 마침 대전 한밭교육박물관에 옛 교실이 재현되어 있었는데, 이곳은 공공기관이기 때문에 대여료가 저렴해 부담 없이 이용할 수 있었다. 교육박물관의 옛 교실에는 옛날 교복까지 준비되어 있어서 의상 대여료도 절약할 수 있었다.

3·1운동 참가 혐의로 체포된 심훈이 감옥에서 '어머니께 올리는 글월'을 쓰는 장면과 단행본 출간 준비로 일본 형사에게 검열을 받으며 모욕을 당하는 장면을 촬영하기 위해 빌린 곳은 익산 교도소 세트였다. 이곳 역시 죄수복을 무료로 사용할 수 있어서 의상 대여료는 들지 않았으나, 냉방장치가 없어서 힘들게 촬영했다.

심훈이 부모가 있는 당진에 내려와 직접 설계하여 지은 집이 '필경사'이다. 그는 이곳에서 소설 〈상록수〉를 탈고했을 뿐만 아니라 많은 글을 썼다. 필경사는 지방문화재로 보호하고 있는 시설물인데, 심훈기념관 측에서 〈상록수〉 탈고 장면을 심훈 선생이 집필했던 방에서 촬영할 수 있도록 배려해 주었다. 필경사는 일본식 목조건물로 화재 위험이 있어 전기 시설이 철거되었기 때문에 카메라, 조명 등 촬영을 위한 전원은 외부에서 전기를 연결해서 사용했다.

한성도서주식회사에서 〈상록수〉 단행본 출간을 위한 작업을 하는 장면은 당진에 있는 작은 책방 '오래된 미래'의 2층을 이용했다. 2층짜리 일본식 건물로 바닥이 마루로 되어 있고, 예스러운 가구와 실내 분위기가 1930년대 사무실과 흡사했다. 특히 책방 사장님의 배려로 재촬영까지 마음 편하게 작업할 수 있어서 가장 기억에 많이 남는 장소이다.

심훈의 임종 장면을 담을 병원 섭외가 가장 어려웠다. 애초 계획은 철제 침대가 있는 허름한 병실을 생각했는데, 그런 분위기의 병실은 지금 시대에 없다. 그렇다고 별도의 세트를 준비할 수도 없는 상황에서 지인을 통해 지역 산부인과의 빈 병실을 빌리기로 했다. 이곳도 직원 퇴근 시간 때문에 1시간 30분 정도밖에 여유가 없었는데 결정적으로 침대가 너무 현대적이라는 문제가 있었다. 하지만 대안이 없어 아쉬움 속에 촬영을 강행했다. 마지막에는 심훈 선생의 눈에서 눈물이 떨어지는 장면을 담기 위해 인공 눈물을 사용했는데,

11번이나 NG가 나는 힘든 촬영이었다.

소품과 분장 팀의 노력은 눈물겨울 만큼 대단했다. 심훈은 지금의 경기도 안산에서 농촌계몽운동에 헌신하다가 과로로 숨진 최용신 선생의 사망 기사에 자극을 받아 소설 〈상록수〉를 쓰게 되었다고 한다. 소품 팀에서는 당시의 신문 기사를 찾아내 인쇄해서 극중 소품으로 사용하였다. 또한 일제가 심훈의 육필 원고를 검열해 온통 빨간 줄을 그어 '삭제' 도장을 찍고 출간을 막아 버린 일이 있었는데, 이 육필 원고를 복사해 빨간색으로 일일이 줄을 그어 당시 상황을 재현했다.

〈상록수〉가 영화로 상영되는 상상 장면을 표현하기 위해 1960년대에 만들어진 영화 〈상록수〉의 포스터를 구해 활용한 것 등 모두 당시 상황을 고증하기 위한 노력들이었다. 분장 팀에서는 최대한 1920~30년대 인물 모습을 재현하기 위해 노력했다. 가장 먼저 심훈 역할의 배우는 최대한 심훈과 비슷해 보이려고 동그란 뿔테 안경을 준비했고, 뒤로 넘김 머리를 만들기 위해 헤어 왁스를 한 통씩 사용하기도 했다. 고문을 받은 후의 상처를 표현하기 위해서는 인공 피와 실리콘을 이용하였고, 의상 대여점을 통해 1930년대 여성 치마저고리, 학생 교복, 일본군 헌병 군복과 총, 칼 등을 빌려 최대한 현실감 있게 표현하기 위해 노력했다.

OST 준비

영화 〈그날이 오면〉을 준비하면서 가장 보람 있었던 일 중 하나가 바로 OST를 자체 제작한 것이다. 학생들이 만드는 영화의 OST는 보통 저작권 없는 무료 음원을 사용하거나 저작권이 있는 기성곡을 사용한다. 학생들은 작곡에 대한 전문성이 부족하고 노래를 불러 본 경험도 많지 않기 때문이다. 그런데 기성곡을 사용하다 보면 음악과 영화가 잘 어울리지 않는 경우가 많다.

〈그날이 오면〉에서는 엔딩크레딧이 올라가기 전에 관객들에게 심훈의 시 〈그날이 오면〉을 보여 주고 싶었다. 그래서 감독과 이 시에 곡을 붙여 OST로 사용하면 좋겠다는 의견을 나눴다. 마침 영화제작 교육을 하고 있는 예술 강사의 지인이 작곡을 공부하고 있는 학생이라 부탁을 했고, 얼마 후에 곡이 나왔다. 생각했던 것보다 가사와 잘 어울려 동아리 학생들이 모두 만족스러워 했다. 이제 누가 이 노래를 부를지가 문제였다. 동아리 학생들은 두 명의 후보를 추천했는데, 이 둘은 우연하게도 남학생과 여학생이었다. 우리는 두 학생에게 제일 잘 부를 수 있는 노래 한 곡씩을 불러 녹음본을 보내 달라고 부탁했고, 그 학생들의 노래를 들어 본 다음 감독과 상의하여 남학생을 최종 선택했다.

곧바로 남학생에게 음원을 보내 노래를 연습하게 했고, 우리는 서울에 있는 녹음실을 찾았다. 작은 녹음실이지만 노래 녹음과 최종 음원을 다듬어 주는 데 사용료가 적잖이 들어갔다. 총 제작비의

10% 정도가 OST 제작비에 들어갔을 정도로 신경을 많이 썼다. 현재 대한민국에 심훈의 시 〈그날이 오면〉에 곡을 붙인 노래가 몇 곡 있는 것으로 아는데, 우리 동아리에서 만든 노래가 제일 낫다고 단언한다. 너무 주관적인 평가라고 한다면 할 말은 없지만 말이다.

영화 〈그날이 오면〉 OST

성과와 아쉬움

아무것도 모르고 무모하게 도전한 첫 영화가 많은 사람들에게 인정을 받아 쑥스럽기도 하고 한편으로는 자랑스럽기도 했다. 아이들이 땀 흘려 만든 영화였기에 상영관을 빌려 시사회를 하는 것이 옳다고 생각해 지역의 작은 영화관을 빌렸다. 100석짜리 두 관으로 된 아주 작은 영화관이었다. 동아리 아이들은 친구들과 선생님, 가족들에게 홍보했고, 나는 교육지원청에 초청 공문을 보냈다. 시사회 당일 총 200석짜리 영화관에 250명이 들어와 일부는 서서 영화를 보았다. 그리고 티켓을 판매하지 않는 대신 모금함을 만들어 자율적인 기부를 부탁했는데 100여만 원이나 되는 큰돈이 모였다. 이 돈은 며칠 뒤 경기도 광주에 있는 위안부 할머니들의 보금자리인 '나눔의 집'에 기부했다.

9월 말에는 심훈상록문화제 집행위원회 측에서 〈그날이 오면〉을 제43회 심훈상록문화제 기간 동안 저녁마다 야외 상영을 해 주었는데 마지막 날에는 시청 대강당에서 상영해 주었다. 또한 당진시 문화관광과의 소개로 '3.1운동 100주년 및 대한민국임시정부수립 100주년 기념 국민참여인증사업'에 영화를 제출해 인증서를 받았고, 12월 청와대에서 주최한 대통령 오찬에 초청받아 감독과 함께 참여했다.

영화를 제작한 2019년부터 2020년까지 〈그날이 오면〉은 전국 단위 영화제에서 수상하거나 교육청과 영화제의 각종 행사에 초청을 받는 등 일반계 고등학교 학생들의 도전에 응원과 격려가 이어졌다.

돌이켜 보면 영화 〈그날이 오면〉은 학생들과 만든 첫 작품이기 때문에 특별한 애정도 있지만 열악한 여건에서 만든 작품이다 보니 아쉬움도 많았다. 그래도 학생들이나 지도교사인 나에게는 인생의 첫 영화라는 의미와 함께 영화라는 도구를 이용해 교실 밖에서 교과서를 탈피한 교육을 실현했다는 소중한 가치를 지니고 있다. 또한 영화를 통해 문학과 역사, 음악과 미술, 연기와 편집의 융합교육을 실현한 실천 교육의 증거이기에 더 기억에 남는 작품이기도 하다. 원작 시나리오로 다시 제작한다면 훨씬 더 잘 만들어 낼 수 있을 것도 같지만, 좀 더 고민해 볼 일이다.

폐교를 앞둔 아이들을 상상하다 〈학교는 오늘도 안녕하다〉(2020)

- 제작년도: 2020년
- 장르: 극영화
- 감독: 박서연(2학년)
- 제작 기간: 4개월
- 제작 지원: 충청남도교육청
- 영화 소개: 인구 소멸 지역의 작은 분교에서 학교와 마을을 지키기 위해 자신
  들만의 방식으로 고군분투하는 아이들의 이야기를 담은 영화
- 수상 및 초청 내역
- 제3회 김포국제청소년영화제 특별부문-평화 최우수상 / 온라인관객상
- 제2회 충남학생단편영화제 우수상
- 제23회 대전독립영화제 우수상 / 심사위원 특별 언급

우여곡절 끝에 완성한 시나리오

공식적으로는 영화 창작 동아리 '흰바람벽'에서 만든 세 번째 작품이다. 처음에는 주제를 선정하는 데 고민이 많았다. 지금 시점에서 우리는 세상을 향해 어떤 메시지를 던져야 할까? 그러다가 동아리 아이들과 인구 감소로 인한 소멸 지역에 대해 고민해 보자는 데 의견을 모으고, 그중에서 우리가 다룰 수 있는 주제를 찾기로 했다. 인구가 감소하고 아이들이 줄어들면서 문을 닫는 마을의 학교도 아이들이 없어 문을 닫는 곳이 한두 군데가 아니다. 영화제작 당시를 기준으로 최근 10년간 전국에서 682개 학교가 문을 닫았다고 한다. 인구 감소와 경제 논리 때문이었다. 폐교 문제는 학교 하나가 사라지

는 것으로 끝나지 않고 자연스럽게 마을의 소멸로 이어지는 심각한 문제이다. 학교가 없으면 아이들이 없고, 아이들이 없다는 이야기는 청년층이 없다는 말이니 결국 그 마을은 자연스럽게 소멸의 길로 갈 수밖에 없다.

우리 지역의 한 초등학교도 이미 1993년에 폐교되어, 지금은 서양화가 부부가 운영하는 사설 미술관으로 운영되고 있다. 한때는 전교생이 200여 명이나 되던 학교였는데, 어느 순간 아이들이 급격하게 줄더니 분교를 거쳐 최종 폐교되었다. 이 학교처럼 폐교를 앞두고 있는 아이들은 어떤 생각을 할지 무척 궁금했다. 그리고 우리는 상상했다.

최초 시나리오는 섬마을 배경으로 시작하고 싶었다. 전교생 여섯명에 두 명의 선생님이 있는 섬마을 작은 분교. 아빠와 함께 사는 선구와 선영이는 이혼 가정의 아이들. 엄마가 그리워 눈물로 일상을 보내는 선영이. 작은 학교가 싫어서 전학을 가고 싶어 하는 선구는 자기와 여동생을 버리고 육지로 떠난 엄마를 원망한다. 한편 이 둘이 떠나면 전교생은 네 명이 되고, 폐교의 압박이 더 거세질 것을 걱정하는 윤민기 선생님. 선구 남매가 전학을 갈지도 모른다는 소문에 아이들도 선구 남매가 전학을 가지 못하도록 그들만의 전략을 짜는데……

시나리오를 준비하면서 선구 아빠 역할로 적당한 후배 선생님을 머릿속에 담고 이야기를 그려 나갔다. 동아리 아이들과 스토리를 마무리하고 시나리오 초고를 거의 완성할 무렵 그 선생님의 디스크 수술 소식은 청천벽력 같았다. 오직 그 선생님만을 생각하고 쓴 시나리오였기에 대체할 배우가 없었다. 결국 다시 배우를 수소문했고, 우여곡절 끝에 관내 초등학교 여선생님 한 분을 소개받았다. 전체 스토리를 말씀드렸더니 많은 부분 공감하며 도전해 보겠다고 하셨다. 동아리에서는 그날부터 시나리오 수정에 들어가 약 3개월 동안 여섯 번의 수정 과정을 거쳐 최종 시나리오가 완성되었다.

도전이 삶이 되다

일반적으로 고등학생들이 만드는 영화엔 으레 고등학생이 등장하거나 일부 어른들(교사, 부모)이 등장하는 정도로 작품이 완성된다. 그렇게 해야 수월하게 캐스팅이나 촬영 일정을 맞출 수 있기 때문이다. 〈학교는 오늘도 안녕하다〉를 제작하면서 동아리 아이들에게 쉽고 편한 길만 가르쳐 주고 싶지 않았다. 고등학생 스태프가 초등학생 배우나 초등학교 선생님, 특히 초등학교 교장선생님과 어떻게 합을 맞출지 궁금했다. 후배 선생님들과 지인의 도움을 받아 초등학교 두 곳에서 여섯 명의 초등학생을 소개받았고, 초등학교 선생님 두 분, 초등학교 교장선생님 한 분 등 총 아홉 명의 외부인을 배우로 캐스팅했다. 지금껏 고등학생 스태프에 초등학생과 초등학교 교사 배우의 조합은 한 번도 없었기에 감독을 비롯한 스태프 학생들의 걱정이 이만저만이 아니었다. 더구나 이들은 일면식도 없는 사이였다. 사실 이 조합은 우리 동아리 아이들을 위해 의도한 조합이었다. 영화 판이 늘 그렇지만 언제까지 아는 사람하고만 일을 할 수는 없다. 영화판이 아닌 일반 사회생활에서도 낯선 이를 만나서 관계를 맺고 서로를 알아 가며 외연을 넓혀 가는 것이 순리이다. 좁은 시야와 편협한 관계 속에서는 우리 아이들의 성장에도 한계가 있을 것이다. 그래서 일부러 낯선 환경을 만들어 낯선 이들과 관계를 형성하며 결과물을 만들어 내길 바랐다. 도전 없는 삶만큼 밋밋한 것이 또 어디 있겠는가.

연습만이 살 길이다

13년 인생 중 연기라는 것을 처음 해 본다는 한준이. 동생 소율이와 함께 남매가 동반 캐스팅되어 극중에서도 선구, 선영이 남매 역할로 등장했다. 한준이에게는 아주 평범한 초등학교 남학생의 이미지를 요청했는데, 연기를 하면서 극중 선구의 역할에 점점 빠져들어 스스로 선구가 되어 가고 있었다. 한준이와 같은 학교에 다니는 청우도 특별히 부탁해서 캐스팅했다. 청우의 캐스팅 조건은 '청순하고 세련된 이미지'의 여학생이었다. 첫 대본 리딩 모임에서 본 청우의 인상은 캐스팅 조건과 딱 맞았다. 청우는 숫기 없는 한준이가 마음속으로만 좋아하는 여학생 역할인데, 전학을 가려는 한준이의 마음을 돌리는 결정적인 역할을 한다. 나머지 승협이나 건우, 주형이도 개구쟁이들이지만 전교생 6명이 다니는 시골 분교가 폐교되지 않도록 한마음으로 선구 남매의 전학을 막아 보려고 재치 있는 아이디어를 낸다.

연기를 처음 하는 초등학생들의 대본 리딩은 상상을 초월했다. 정말 책을 읽는 수준 그 이상도 이하도 아니었다. 그래서 처음부터 끝까지 감정을 실은 대사를 하도록 강조하고 또 강조해야 했다. 여기서 무엇보다 중요한 것은 이 아이들도 낯선 환경에 와 있기 때문에 심리적으로 편안한 상태가 되어야 감정도 자연스럽게 표현해 낼 수 있다는 것이었다. 그래서 감독을 비롯한 스태프들에게는 초등학생 동생들에게 친밀하게 대하도록 특별히 부탁했다. 그리고 우리 동아리의 주특기, 동생들이 먹고 싶어 하는 것을 최대한 제공해 주면서 자연스레 분위기에 빠져들게 했다. 먹는 것 앞에 장사 없다는 말이 통했는지, 연습 횟수가 늘어나고 서로 소통할 수 있는 기회가 많아지면서 점차 아이들의 연기도 자연스러워졌다. 물론 카메라가 돌아가기 시작하면 또 다른 상황의 긴장감이 펼쳐지곤 했다.

촬영장 선정과 섭외

〈학교는 오늘도 안녕하다〉의 시나리오는 여섯 번의 수정을 거쳐 완성되었는데, 그 이유는 출연 배우의 변경 때문이기도 했지만 결정적으로 '섬마을'과 '분교'를 현실감 있게 영상으로 구현하기 어려웠기 때문이다. 실제로 우리 지역에는 섬마을에 분교가 하나 있다. 하지만 이 분교는 리모델링을 통해 거의 펜션 수준으로 바뀌었기 때문에 영화에서 그리고자 했던 학교의 이미지와 맞지 않았다. 요즘은 시골에 있는 학교일수록 시설이 훨씬 좋다. 예전의 시골 분교를 생각하면 오산이다. 이 영화에서는 오히려 이런 잘 갖추어진 시설들이 영상의 방해 요소였다. 소박하고 아담한 학교를 찾아다녔지만 이제 그런 시골 학교는 존재하지 않았다. 결국 우리 지역에서 가장 작은 학교를 촬영지로 섭외했고, 가급적 학교 전경이나 최신 시설은 화면에 잡히지 않도록 화각을 조절해 촬영했다.

아이들이 등교하는 첫 장면을 위해 예쁜 길을 찾아 지역의 여기저기를 돌아다닌 적이 있다. 사람이 걸을 만한 예쁜 길이라면 어디든 찾아다녔다. 지금껏 그랬지만 그 당시에는 퇴근 후나 휴일에 촬영 장소를 물색하러 다니는 게 흔한 일상이었다. 조금 괜찮다 싶은 곳을 찾으면 감독을 데리고 가서 확인하고 상의했다. 식당이나 카페도 마찬가지이다. 촬영 각도가 나와야 하기 때문에 사전 답사는 기본이고, 사장님과 안면을 트며 영화 촬영 계획을 설명한다. 이때에도 역시 학생들의 교육활동이라는 점을 강조한다. 그리고 영업에 방해가 되지 않을 시간을 촬영 시간으로 잡고 양해를 구한다. 그러다 보니 촬영 시작 시각이 오전 8시 이전인 경우가 많았다. 10시 정도면 대부분의 가게가 영업을 시작하기 때문이다. 다행히 식당 같은 곳은 촬영 후 그곳에서 점심을 먹기 때문에 오전 시간 전체를 빌릴 수 있었다. 이때 가장 안전한 방법은 소위 '지인 찬스'를 쓰는 것이었다.

한편 영화 창작 동아리를 운영하면서 불합리하다고 생각하는 것

중 하나가 아이들의 식비 문제이다. 2023년 현재 학생 1인 1식 기준 식비는 8,000원이다. 물가는 상승했고, 땀 흘려 가며 열심히 교육활동에 참여하고 있는 아이들에게는 턱없이 부족한 식비이다. 그래서 출연하는 배우들에 한정되긴 하지만 영화의 일부 장면에 식사 장면을 넣어 식사비 문제를 해결하기도 한다. 식사 장면의 식비는 '소품비'이기 때문이다. 아무리 지인 찬스를 쓴다고 해도 학생들 식비만 가지고 장소를 빌려 사용한 식당에 사례하는 것이 참 미안하다.

사라진 녹음 파일과 재촬영

늘 느끼는 것이지만, 청소년 영화제작 과정에서 가장 어려운 부분이 '동시녹음'이다. 잡음은 최대한 적게 들어가고 균질한 소리로 녹음해 내는 것이 동시녹음의 목표인데, 학생들에게는 몹시 어려운 숙제이다. 소음원을 없애는 것에도 한계가 있고, 장비의 차이도 크기 때문에 결과물의 차이도 클 수밖에 없다.

붐오퍼레이터 학생과 녹음을 담당하는 음향감독이 한 팀이 되어 동시녹음을 하고 있던 날이었다. 이날은 스승 윤민기 선생님과 선구 엄마 혜정이 식당에서 만나 그간의 사정과 선구의 전학 문제를 이야기하는 장면을 촬영했다. 촬영 팀에서는 테이크마다 숏을 다시 보며 이상 없음을 확인하고 다음 장면으로 넘어가곤 했다. 쉼 없이 세 시간이 넘는 촬영을 마치고 한 신을 완성했다. 촬영장을 정리하고 학교에 돌아와 영상 파일과 녹음 파일을 정리하는데, 녹음 파일마다 파일명은 있는데 파일 용량이 현저하게 작았다. 불길한 느낌은 역시 예상을 벗어나지 않았다. 녹음이 전혀 안된 것이었다. 음향감독을 맡은 학생은 헤드폰으로 소리를 듣고 있었고, 녹음이 되었는지 한 장면 촬영이 끝날 때마다 확인해야 했는데 하나도 확인하지 않았던 것이다. 한 신 전체를 다시 촬영해야 하는 상황이 벌어졌다. 더군다나 소품비가 가장 많이 들고, 보조출연자도 필요한 장면이라서 막막하기만 했다. 솔직히 속에서 묵직한 무엇이 치밀어 오르는 느낌도 들었다. 하지만 '나는 도전하는 사람'이란 말을 수없이 되뇌며 편집의 힘을 믿고 재촬영을 결정했다. 일주일 후 같은 식당에서 대사가 있는 배우 둘과 재촬영을 했다. 이날 촬영은 대부분 클로즈업숏으로 촬영했고, 대사 음성 파일을 적절히 섞어 편집하기로 했다. 그러면 이전 촬영 영상도 절반은 사용할 수 있기 때문이다. 배우들에게는 의상을 비롯해 이전 촬영과 똑같이 준비하고 나와 달라고 부탁했다. 다행히 별다른 문제없이 재촬영을 마쳤고, 이를 계기로 이후 동아리 아이들은 더 긴장하며 촬영에 임하게 되었다.

코로나-19의 상처

2020년 2월부터 본격적으로 시작된 코로나는 우리 사회 전체를 마비시켰다. 학교도 예외는 아니었다. 4월까지 학교에 나오지 못하는 상황에서 계속된 온라인학습은 아이들의 손발을 모두 묶어 놓았다. 그러나 코로나는 영화에 대한 아이들의 열정까지 막지는 못했다.

우리는 다시 교실에 모였고, 시나리오를 쓰고, 배우를 캐스팅하고, 대본 연습을 하고, 촬영장을 섭외하고, 소품을 준비해 촬영에 들어갔다. 사회적 거리두기 때문에 제약은 많았지만 포기하지 않았다. 코로나를 핑계로 포기하는 순간 영화 창작 동아리는 지속되기 어려울 것 같았다. 아이들과는 온라인으로도 계속 소통하고 등교 시작과 함께 본격적으로 움직였다. 욕먹을 각오를 단단히 해야 했다. 사실 영화 창작 동아리를 운영하다 보면 코로나가 아니어도 배부르게 욕을 먹는다. 학부모 민원도 적잖이 있고, 특히 촬영 현장에서 먹는 욕은 아주 싱싱한 날것 그대로이다. 대부분 학생들의 학원이나 과외 일정과 촬영 일정이 겹치면서 발생하는 문제가 많다. 또한 원거리에 사는 아이들의 경우 귀가 문제 등이 학부모 민원으로 많이 들어오고, 코로나-19로 사회적 거리두기가 시행되고 있었을 때는 외부 촬영으로 여럿이 무리 지어 다닌다는 이유로 어르신들로부터 심한 말과 함께 눈총을 받기도 했다. 돌이켜 보면 정말 누구 말대로 '사서 고생'을 하는 꼴인데, 지금도 왜 이렇게 영화제작에 빠져 있는지는 선명하게 대답하지 못하겠다. 의무감인지, 부채감인지, 관성인지, 열정인지.

코로나가 우리에게 남긴 상처는 제작 과정보다도 영화가 만들어지고 난 뒤에 더 아프게 다가왔다. 일단 자체 시사회를 하지 못했다. 보통 시사회를 10월경에 하는데, 코로나 상황이 나아지지 않았기 때문이다. 자체 시사회도 문제였지만 충남학생단편영화제도 온라인 송출로 끝이 났다. 이어지는 전국 규모나 국제청소년영화제도 모두 온라인으로 전환되었다. 예상대로 영화제작을 포기한 학교가 많아 출품 작품의 수가 현저하게 줄었다. 상영관이 멈춰 버리니 우리나라에서 사전에 제작한 영화의 10분의 1도 개봉을 못했다는 말이 피부로 와닿았다. 그렇게 2020년이 코로나와 함께 저물어 갔다.

다행히 대전 KBS 프로그램인 '거북이 뉴우스'에서 우리 학교 영화 창작 동아리 활동 소식을 듣고 방송 촬영 요청을 제안해 영화제작 과정을 소개하고, 조연출을 맡은 학생과 선구 역할로 출연했던 학생이 함께 스튜디오 녹화에 출연해 의미 있는 시간을 보낼 수 있었다.

김대건 신부의 삶을 통해 지금 우리의 삶을 돌아보다 〈고행〉(2021)

- 제작년도: 2021년
- 장르: 다큐멘터리
- 감독: 박서연(3학년), 김수정(2학년)
- 제작 기간: 6개월
- 제작 지원: 충청남도교육청, 당진교육지원청
- 영화 소개: 2021년 유네스코 세계기념인물인 성 김대건 안드레아 신부의 탄생 200주년을 기념하기 위해 제작한 다큐멘터리
- 수상 및 초청 내역
-제19회 대한민국청소년영상대전 특별상(편집부문)
-제4회 김포국제청소년영화제 경쟁부문(16세~18세) 최우수상
-당진시장 표창패
-제31회 한국가톨릭매스컴대상 특별상

-제3회 충남학생단편영화제 최우수상

-성 김대건 안드레아 신부 탄생 200주년 기념 행사 초청 상영(당진 솔뫼성지)

-제8회 가톨릭영화제 메이드인가톨릭 초청 상영(대한극장)

-제19회 대한민국청소년영상대전 온라인 상영

-제4회 김포국제청소년영화제 상영

-제3회 충남학생단편영화제 상영

지역 문화유산의 영상화

이미 우리는 영화 〈그날이 오면〉으로 우리 지역의 문화유산을 영상화하는 작업을 해 오고 있었다. 마침 2021년은 성 김대건 안드레아 신부의 탄생 200주년이었고, 2019년 11월 14일 프랑스 파리 유네스코 본부에서 열린 제40차 유네스코 총회에서 김대건 신부가 탄생 200주년을 맞는 2021년 '유네스코 세계기념인물'로 선정된 상태였다. 우리 지역에는 김대건 신부의 고향인 솔뫼성지가 있고, 천주교 관련 유적이 많이 남아 있다. 근대사를 통해 배웠듯이 한국 근대사에서 천주교 박해는 빼놓을 수 없는 중요한 역사이다. 이 작업은 새 학기가 시작되기 전인 2월부터 준비했다. 당진시와 천주교 대전교구가 8월 중순 솔뫼성지에서 대규모 행사를 준비하고 있었기 때문에 우리도 작품 완성 시기를 7월 말로 생각했다.

우리는 흔히 가까이에 있는 것들의 소중함을 잊고 살아간다. 우리 학생들도 김대건 신부를 잘 모르거나 들어 본 적은 있지만 정확히 모르는 경우가 많았다. 그래서 김대건 신부에 대한 정보와 자료를 모아 영상을 만들어야겠다고 생각했다. 그런데 이것을 극영화로 만들 것인지, 아니면 다큐멘터리로 제작할 것인지 고민이 됐다. 극영화로 제작할 경우 〈그날이 오면〉처럼 고증 과정을 거쳐 에피소드 중심으로 이야기를 준비해야 하고, 다큐로 제작할 경우에는 방대한 자료를 수집해 정리하고 분석하는 과정이 필요했기 때문이다. 수차례 회의를 거쳐 다큐멘터리 제작으로 최종 결정했다. 다큐멘터리를 만들어 본 경험이 전혀 없다는 것이 최고의 약점인 우리 동아리에서 이번 작품을 성공적으로 마무리할 수 있을지 걱정이 가장 컸기에, 다큐멘터리 제작법과 김대건 신부 관련 역사 자료 이 두 가지 먼저 확실하게 공부해야 했다.

찾아보는 것이 공부다

다큐멘터리 문외한들이 다큐멘터리를 만들겠다고 칼을 뽑아 들었으니 무라도 썰어야 했다. 그래서 우리는 일단 다큐멘터리를 찾아서 보기로 했다. 한 인물의 역사이자 종교적 의미를 갖는 다큐멘터리를 만들어야 했기에 비슷한 영상을 찾았다. 우선 김수환 추기경 선종 관련한 다큐멘터리 〈바보야〉를 보았다. 같은 천주교를 배경으로 하고 인물의 일대기를 그리고 있어 가장 근접하게 참고할 수 있는 다큐라고 생각했다. 다음으로는 법정 스님이 열반에 들고 나온 〈법정 스님의 의자〉였다. 두 분 모두 종교적으로나 인간적으로나 존경받는 인물이었고, 이 땅에 남긴 족적이 큰 인물들이었기 때문에 아이들이 김대건 신부에게 접근하기 좋은 사례였다. 결정적으로 이 다큐멘터리 제작에 가장 큰 영감을 얻은 작품은 김대현 감독의 다큐멘터리 〈시간의 종말〉이었다. 한국 천주교의 박해 역사를 고스란히 담고 있고, 그중에서 김대건 신부 관련 부분이 있어서 군산까지 김대현 감독을 찾아가 큰 도움을 받았다.

다큐멘터리 제작 관련 도서도 큰 도움이 되었다. 다큐멘터리의 성격, 제작 기획, 제작 과정 등을 학습하여 이론적인 부분을 충실하게 준비했다.

그다음으로 김대건 신부 관련 자료를 수집하기 시작했다. 그 전에 김대건 신부에 대해 객관적으로 살펴볼 필요가 있어 '김대건 신부 탄생 200주년 기념사업' 행사를 준비하고 있는 당진시청 문화관광과 학예연구사를 초빙해 '김대건 신부의 생애'에 관한 특강을 들었다. 또한 기념사업 행사준비단에서 진행한 '김대건 신부 발자취 탐방'에 참여하여 역사 도슨트의 안내를 받아 김대건 신부 삶의 발자취를 따라가 보았다. 특히 솔뫼성지부터 용인 은이성지와 안성 미리내성지까지의 답사는 김대건 신부의 탄생에서 죽음까지의 과정을 볼 수 있는 여정이었다.

김대건 신부에 대한 이해를 바탕으로 자료수집에 들어갔다. 김대건 신부가 스승 신부들에게 쓴 서한문 영인본과 해석집, 조선전도 영인본, 각종 고지도와 사진 자료를 수집했다. 한 번은 감독과 대화를 나누다가 김대건 신부가 국사범으로 처형되었을 정도면 조선왕조실록에도 이 사실이 기록되지 않았을까 하는 호기심이 생겨 헌종실록을 찾아보았는데, 그곳에서 김대건 신부의 기록을 찾아내기도 했다.

한편 영상 자료를 만들기 위해서 답사 취재 일정도 별도로 잡았다. 이 과정에서 내레이션과 진행을 맡은 학생이 학예연구사와 솔뫼성지 보좌신부님에게 궁금한 점을 묻고 답하는 대담 형식으로 취재를 구성하였고, 전체 진행 순서는 순행 구성을 따르기로 했다. 답사 촬영 장소는 예산 여사울성지, 당진 솔뫼성지, 용인 은이성지, 제주 용수성지, 서울 새남터순교성지, 안성 미리내성지 등이었다.

자료 영상과 사진도 많이 활용했다. 상해 김가항성당 같은 경우 용인 은이성지나 논산 강경성당에 재현해 놓았지만 상해에는 이미 철거되어 사진으로만 남아 있는 상태이다. 1984년 교황 요한 바오로 2세의 방한과 시성 장면, 2014년 교황 프란치스코의 솔뫼성지 방문과 기도 장면, 2019년 유네스코 총회 장면 등 빠뜨릴 수 없는 영상들을 구해 다큐멘터리에 담아냈다.

최초 계획은 동아리 학생들과 김대건 신부님의 발자취를 찾아 직접 마카오로 떠나는 다큐멘터리를 만드는 것이었는데, 코로나-19로 인해 모든 계획을 수정했고, 제주 용수성지 영상도 혼자 방문해 영상만 촬영해 왔다. 코로나가 모든 것을 멈추게 해 버린 것을 실감하는 과정이었다.

짜임새 있는 구성

다큐멘터리는 사실의 기록이지만, 사실만 기록할 수 없는 경우가 있다. 김대건 신부의 경우처럼 모든 상황이 완벽하게 기록되어 있지 않으면 상황을 유추하여 기록하는 방법밖에 없다. 그래서 우리는 일부 장면을 재연 장면으로 만들어 관객의 이해를 돕기로 했다. 가장 고민되었던 부분이 한강변 새남터 형장에서 김대건 신부가 사형을 당하는 장면이었다. 어설프게 망나니 역할을 연기했다가는 웃음거리만 되고 말 것 같았다. 그래서 상징적인 이미지를 연출하는 것이 어떨지 며칠을 고민했다. 결국 감독과 함께 목공방에 가서 나무 십자가 두 개를 만들고 묵주도 두 개 구입했다. 인공 피도 구입해서 미리 연출해 보고 가장 적합한 장면을 사용하기로 했다.

전체 구성은 이중 수미상관 기법을 사용했다. 〈고행〉이라는 제목이 주는 상징성을 생각해 열다섯 살 소년 김대건이 마카오로 떠나는 장면으로 시작했다. 이때 젖은 짚신을 신고 비 오는 길을 걸어가는 소년 김대건의 발에 초점을 맞추었다.(원래 계획은 김대건 신부가 조선을 떠난 12월이라는 시기를 감안해 눈길을 걸어가는 장면으로 구성하려 했으나 그 해 겨울에 눈이 내리지 않아 눈길 장면을 빗길 장면으로 변경했다.) 그리고 마지막은 순교한 김대건 신부의 동상 앞에서 가죽 신발을 봉헌하는 장면으로 마무리했다. 다른 한 구성은 신리성지 종탑의 종소리를 촬영해 종소리가 울리기 시작하면서 다큐가 시작하고 마지막 종소리가 끝나면서 다큐도 끝을 맺는 구성으로 마무리했다. 이렇게 이중 수미

상관 기법으로 다큐 전체가 안정된 구성을 갖게 되었다.

영화 같은 다큐멘터리

역사 인물 다큐멘터리가 갖는 한계를 보완하기 위해 몇 장면은 재연하기로 했는데, 극영화를 자주 만들어 본 아이들은 재연 장면을 자연스럽게 구성하였다. 소년 김대건이 마카오로 떠나는 장면은 2학년 학생이 연기를 해 주었고, 조선에 입국해 체포된 김대건 신부가 옥에 갇힌 장면과 새남터 형장을 걸어가는 장면은 우리 학교 음악 선생님께서 직접 연기를 해 주었다. 처음에는 소년 김대건 역할을 했던 학생이 성인 김대건 역할까지 연기했지만 편집 과정에서 분장이 어색해 급하게 김대건 신부 초상과 이미지가 유사한 음악 선생님을 섭외해 출연을 부탁드렸고, 흔쾌히 협조해 주셔서 작품을 완성할 수 있었다.

김대건 신부가 교우들에게 남긴 편지는 성인 김대건 역할을 했던 선생님의 목소리로 녹음했다. 십자가 앞에 있는 촛불에 초점을 맞추고, 바람에 흔들리는 촛불로 당시 조선의 현실과 인간 김대건의 마음을 표현했다. 특히 이 부분은 첼로 독주를 배경음악으로 사용해 더 비장하게 표현했고, 김대건 신부의 죽음이 갖는 의미를 강조하고자 했다. 이 부분의 촬영은 내레이션 녹음을 먼저 하고 내레이션 경과 시간만큼 촛불을 촬영한 후 끝부분에서 선풍기로 바람을 만들어 촛불이 흔들리게 했다. 그리고 촛불이 완전히 꺼진 상태까지 촬영해

역순으로 내레이션 경과 시간에 맞추어 편집했다.

전문가에게 배우다

다큐멘터리 〈고행〉의 대본이 나온 이후의 첫 촬영은 인문학자 김경집 교수님의 인터뷰였다. 비 오는 어느 날 혜화동 한 카페에서 만난 김경집 교수님은 백발의 신사답게 고등학생 아이들을 편안히 대해 주셨다. 김경집 교수님께 드린 첫 질문은 '성인의 죽음이 갖는 의미'였다. 교수님의 대답으로 우리가 생각했던 많은 부분을 반성하고 수정할 수 있었다.

학생: 교수님, 자신의 신념을 지키기 위해서 자신의 목숨마저 기꺼이 내놓는 이런 사람들의 정신을 우리는 어떻게 바라봐야 할까요?

김경집 교수: 쉽게 따라가면 안 된다고 생각해요. 목숨을 내놓는다? 그걸 왜 할까요? 사실은 따지면 되게 과격한 거예요. 그런 분들한테서 우리가 어떻게 살아야 되는지를 배우는 것도 필요하지만 그게 내 일상에 들어와서 어떻게 내 삶에서 나타날 수 있고 삶에서 실현될 수 있는지. 짧게 끝나서 그게 상징이 되는 수도 있지만 오래 살아가면서 그거를 실제 삶에서 실현하는 것도 나름대로 가치는 있어요. 저는 그런 선택, 그런 과감하고 위대한 선택을 깎아내리는 게 아니라 그런 분들이 있어서 우리가 일상에서 그런 고민을 하고 갈등하고 할 때 좀 더 나은 방향을 계속해서 유지할 수 있다는 측면은 있죠. 그래서 배우고 따라야 되는 것은 사실이

에요. 다만 그걸 너무 과하게, 과도한 의미를 부여해서 그렇지 않은 것은 사소한 것으로 여기는 그런 것들은 좀 지양해야 되지 않나, 조심해야 될 지점이 아닌가, 모든 위인이나 성인의 삶을 볼 때마다 그건 늘 느껴요.

돌아오면서 감독에게 교수님 인터뷰 촬영을 먼저 하길 잘했다고 이야기했다. 다른 아이들 생각도 같았다. 우리는 성인의 삶과 죽음을 '위대한', '훌륭한', '존경하는', '우러르는'과 같은 수식어로 표현하고 있었고, 이번 다큐에도 그런 기조로 김대건 신부를 담으려고 했었다. 학교에 돌아와 대본 수정에 들어갔다. 마지막 부분을 일부 수정하면서 다큐멘터리가 더 알차게 구성된 느낌이었다.

편집의 힘

극영화만 만들다가 처음으로 다큐멘터리를 제작하면서 더 많은 것을 공부할 수 있었다. 나는 웬만한 천주교 신자보다도 성지순례를 더 많이 한 비신자일지도 모르겠다는 생각을 했다. 역사적 인물로서의 김대건 신부를 조명하면서 우리의 삶을 되돌아보는 계기가 되었다. 아이들에게는 기획 단계부터 편집 단계까지 전 과정을 통해 배움이 일어났을 것이다. 문학과 역사, 문화와 예술, 그리고 기술이 결합한 총화였다. 특히 아이들은 이 모든 것들을 조화롭게 아우르는 편집의 힘을 경험했다. 이 작품의 편집은 3학년 학생이 도와주었는데, 그래픽과 자막 디자인을 깔끔하게 만들어 시각적인 효과가 컸다.

또한 엔딩 자막과 드라마 OST였던 〈기도〉라는 곡으로 김대건 신부의 희생정신을 더 부각시킬 수 있었다. 섬세한 편집이 최초에 계획했던 구성과 메시지를 잘 구현해 냈다. 편집은 잘못된 것을 감추는 눈속임이 아니라, 오히려 장점을 부각시키기 위한 기술이다.

다시 세상에 우리를 알리다

성 김대건 안드레아 신부 탄생 200주년 기념 다큐멘터리 〈고행〉은 또 한 번 우리 영화 창작 동아리를 세상에 알린 작품이 되었다. 천주교 대전교구에서는 2021년 8월 14일부터 22일까지 9일간 솔뫼성지에서 김대건 신부 탄생 200주년 기념행사를 열었다. 이 행사에 〈고행〉이 초청을 받아, 8월 20일 저녁 7시 솔뫼성지에서 상영되고 유튜브를 통해서도 송출되었으며, 제8회 가톨릭영화제 메이드인가톨릭 섹션에도 초청받아 대한극장에서 상영되었다. 한편 한국가톨릭주교회의 사회홍보위원회에서 수여하는 제31회 한국가톨릭매스컴대상 특별상과 제19회 대한민국청소년영상대전 특별상, 제4회 김포국제청소년영화제 경쟁부문(16세~18세) 최우수상, 제3회 충남학생단편영화제 최우수상 등 우리 동아리 영화의 가치를 충분히 인정받은 한 해였다.

코로나가 세상의 시계를 멈추었던 순간에도 우리 동아리 학생들의 시계가 계속 돌아갈 수 있었던 것은 무엇보다 영화에 대한 열정과 '우리만이 할 수 있는 일'이라는 소명 의식이 가장 컸던 것 같다.

우리 지역의 역사 인물을 우리 손으로 직접 조명해 보면서 교과서의 배움에 간히지 않고 몸으로 체득하는 과정을 겪어 본 아이들은 삶에 대한 자신감도, 세상을 보는 시야도 달라져 있었다. 새로운 경험은 삶을 살아가는 또 다른 원동력이 된다는 것을 깨달은 기회였다.

청소년 도박 문제의 실상을 말하다 〈처음으로 되감기〉(2022)

- **제작년도:** 2022년
- **장르:** 극영화
- **감독:** 안도경(2학년), 문한솔(2학년)
- **제작 기간:** 5개월
- **제작 지원:** 충청남도교육청, 당진교육지원청
- **영화 소개:** 청소년 온라인 도박의 실상을 사례 중심으로 극화하여 이들에 대한 주변의 믿음과 격려가 회복탄력성을 가진 이 아이들을 다시 일으킬 수 있다는 희망의 메시지를 담은 영화
- **수상 및 초청 내역**
- -제4회 충남학생단편영화제 최우수상
- -제10회 청소년인권영화제 대상
- -제24회 대전독립영화제 우수작품상
- -제10회 청소년인권영화제 상영
- -제4회 충남학생단편영화제 개막작
- -제18회 부산국제어린이청소년영화제 리본더비키 초청 상영(영화의전당)
- -제5회 교육영화제 폐막작 초청 상영(전국영화교육연구회)

현실을 바라보다

현재 고등학교 남학생의 절반 이상은 온라인 도박 게임의 경험이 있고 중독 수준인 학생도 상당수인 것으로 알려져 있다. 우리 학교의 사례만 하더라도 개인 부채가 약 400~700만 원에 이르러 부모의 개입으로 변제하고 나서야 상황이 종료되는 경우도 있고, 부채가 너무 많아 부모에게 다 이야기를 못한 채 학년을 넘겨 또 다시 채무 변제 압박으로 힘들어 하는 아이들이 있었다. 우리는 무엇이 이렇게 아이들을 도박의 수렁에 빠뜨리고 있는지, 어떻게 해야 그 수렁에서 벗어날 수 있는지 고민해 보았다.

우리는 온라인 도박 게임에 빠져 있는 학생을 어렵사리 인터뷰하면서 그 실체를 알았고, 너무 쉽게 돈을 손에 넣어 본 아이들이 그 유혹에서 벗어나지 못한다는 것을 알게 되었다. 기성세대들은 돈이 필요하면 아르바이트를 해서 돈을 벌면 되지 않느냐고 쉽게 반문하지만, 이렇게 손 쉽게 큰돈(수백만 원을 따는 경우도 있다고 함.)을 얻은 경험을 한 아이들이 왜 굳이 땀 흘려 일하려고 하겠는가? 문제는 처음에 쉽게 돈을 따게 만들어 놓아 점차 거액을 배팅하게 유도하고 결국 돈을 잃게 만드는 방식으로 아이들을 옥죄고 있는 현실이다. 돈을 잃은 아이들은 배팅 금액을 마련하기 위해 친구들에게 손을 벌리고 사채에까지 손을 대기도 한다. 사채 변제의 압박이 시작되면 돌려막기 식으로 친구들에게 다시 손을 벌리고, 변제가 늦어지면서 갈등이 시작된다. 어떤 아이는 변제 금액을 마련하기 위해 절도를 하는 경우도 있었다.

픽션 같은 논픽션

아이들의 도박 이야기를 부모님들께 하면 깜짝 놀란다. 그리고 '우리 아이는 아니겠지'라고 생각한다. 그러나 현실은 이런 부모님들의 생각과 다르다. 우리는 힘들어 하고 좌절하는 청소년들이 다시 일어설 수 있기를 바라는 마음으로 이 소재를 가지고 영화를 만들어 보기로 했다.

영화는 여자 친구의 밀린 미술학원비 100여 만 원을 마련하기 위해 온라인 도박에 손을 댄 남학생의 이야기로 구성했다. 물론 영화에서는 온라인 도박에 빠져드는 동기를 상당히 순화시켰다. 실제로 도박을 하는 아이들이 대부분 '그냥 이유 없이'나 '우연히', '호기심에'라고 답하는 것에 비하면 우리 영화의 스토리는 목적의식도 뚜렷하고 실제 현실과는 약간 괴리감이 있었다. 그런데도 상황을 이렇게 설정한 이유는 목적이 없는 도박뿐만 아니라 나름의 목적이 있는 도박도 정당하지 않다는 것을 강조하기 위해서였다. 또한 도박에 중독된, 그래서 하루 종일 머릿속에 온통 도박 게임만 들어 있는 아이들의 현실을 보여 주기 위해서였다. 궁극적으로는 가족을 비롯한 주변의 관심이 이 아이들을 다시 일으킬 수 있다는 희망을 말하고 싶었다.

청소년 도박 문제는 비단 어제오늘의 문제가 아니다. 그동안 많이 곪고 곪아 왔던 것이 수면 위로 드러난 것에 불과하다. 사이버 도박으로 일하지 않아도 큰돈을 벌 수 있다는 의식이 청소년들 사이에 넓게 퍼져 있다. 이 영화가 그 도박의 실태를 드러내고, 그 속에 발을 디딘 청소년들에게 실상을 알려 줄 필요가 있음을 강조하고 싶었다. 더불어 그들이 가진 회복탄력성을 믿고 다시 일어서기를 바라는 마음을 담았다. 이 영화를 본 관객들(보호자)의 반응은 보편적으로 놀라움이 가장 컸는데, 관계 회복 가능성에 안심했다. 실제로는 어떨까? 주변 아이들을 봐서는 도박에서 곧바로 손을 떼지 못하는 경우가 더 많았다. 그러다 보니 아이도, 부모도 이런 이야기나 고민을 쉽사리 드러내지 못하고 있는 현실이다.

야외촬영만큼 어려운 식당 촬영

이 영화를 만들면서 감독의 섭외 능력이 빛을 발한 순간이 있었는데, 바로 식당 신 촬영을 위한 고깃집 섭외였다. 감독의 부모님과 친분이 있는 사장님 도움으로 촬영장을 빌릴 수 있었고, 영업 전 촬영을 전제로 이틀간 사용할 수 있었다.

식당 촬영, 특히 고깃집 촬영의 경우 식당용 대형 냉장고와 환기를 위한 환풍기 소음이 가장 방해가 된다. 거의 야외촬영에서의 매미 소리 급이다. 심한 경우는 배우의 목소리가 묻혀 버릴 때도 있다. 이를 해결하기 위한 가장 좋은 방법은 냉장고와 환풍기를 끄고 촬영하는 것인데, 영업장의 냉장고를 멈출 수도 없고, 고기를 굽고 있는 장면에서 연기 때문에 환풍기를 끌 수도 없다. 말 그대로 진퇴양난의 상황이다. 그래서 실내 촬영분 중에서 가장 음질이 안 좋은 장면이 식당 신이다. 거슬리는 소음을 줄이려면 현장음을 담아 놓고 효과음을 준비해서 후시녹음을 하는 것이 가장 깔끔한 방법인데, 소리를 잘못 섞으면 이 또한 어색해질 수 있다. 결국 붐마이크로 배우 가까이에서 목소리를 잡고 중간 소음 부분은 배경 잡음 제거 프로그램인 'Audacity'를 사용해 수정했다.

생활형 배우

이 영화의 백미는 식당 사장님이자 주인공 정남이의 아빠 역할을 해 준 우리 학교 사회 선생님이었다. 원래 목청이 커서 언어 전달력이 좋고 아이들을 많이 사랑하셔서 아이들의 활동을 늘 지지해 온 선생님이었다. 식당에서 설거지하는 정남을 아르바이트생 대하듯 하는 첫 장면부터 강한 인상을 풍겼다. 정남의 잘못된 행동에 불만을 가진 듯하면서도 어딘가 모르게 늘 아이를 신뢰하는 모습을 잘 표현해 주고 있었다. 특히 콩나물 다듬는 모습은 정말 고깃집 사장님의 이미지를 고스란히 보여 주었다.

한편 정남의 방에서 차용증을 발견하고 정남이 큰돈에 손을 댄 정황을 알고는 불같이 화내는 장면도 평소 선생님의 모습 그대로였다. 특히 이 장면에서 아빠의 뒷모습만 보여 준 것은 아직 이 사장님이 정남의 아빠라는 사실을 밝히지 않으려는 의도를 담은 감독의 연출이었다. 그러나 목소리가 워낙 특이하여 누구라도 금방 알아차릴 수밖에 없었을 것이다. 우리는 정남 아빠 역할이 선생님의 평소 목소리, 평소 행동과 매우 닮아서 선생님을 '생활형 배우'라고 불렀다.

엔딩 장면은 소위 쪽대본으로 넣은 장면이었다. 마무리를 어떻게 할까 감독과 고민하다가 아들 정남과 아들의 친구 진희를 집이 아닌 다른 식당으로 불러서 밥을 사 주는 아빠의 모습을 보여 주기로 했다. 촬영 전날 새로운 신을 넣고, 쿠키 영상으로 화해한 정남과 진희가 기찻길을 나란히 걷는 장면을 넣어 둘의 아름다운 우정을 보여 주고자 했다. 식사 장면에서는 소위 '깻잎 논쟁'을 응용해서 깻잎을 잘 못 떼는 정남을 위해 아빠가 다른 깻잎을 잡아 주는 장면으로 둘의 화해를 상징적으로 보여 주었다. 뜻하지 않게 영화 〈모가디슈〉를 오마주한 상황이 되어 버렸다.

영화에 날개를 달다

아이들과 영화를 지도하는 선생님들은 나름대로 꼭 가고 싶어 하는 영화제들이 있다. 우리 지역에는 몇 해째 계속되어 온 '충남학생단편영화제'가 있고, 충남, 충북, 대전이 함께하는 '충청권 청소년연합영화제'도 있다. 그동안 김포국제청소년영화제, 대한민국청소년영상대전, 청소년창작영상제, 대전독립영화제, 청소년인권영화제, 가톨릭매스컴대상 등에서 많은 상을 받았고, 가톨릭영화제, 교육영화제 등에도 초청을 받는 영광스러운 순간들이 있었다. 특히 2023년엔

〈처음으로 되감기〉가 아시아 최대 규모인 부산국제어린이청소년영화제에 초청받아 상영되는 영광을 얻었다.

　누군가는 영화를 재미로 찍으라고 조언한다. 맞는 말이다. 재미로 시작해야 질리지 않는다. 그러나 나는 여기에 더해 긴 호흡을 가지고 열정적으로 참여하라고 가르친다. 그리고 그 결과물을 함께 나누길 바란다. 영화를 만들어 혼자 보고 말거나 컴퓨터 하드디스크에서 사장시킬 거라면 의미 없는(또는 혼자에게만 의미 있는) 일을 한 것에 불과하다. 반드시 누군가에게 보여 주기 위해서만 영화를 제작하는 것은 아니지만, 보편적으로 영화는 상영을 목적으로 하고, 관객에게 메시지를 전달하는 것이기 때문에 제작한 영화를 공개하거나 공유하는 것은 매우 의미 있는 일이다.

　우리 동아리가 제작한 영화들은 '전체 공개'를 원칙으로 하고 있다. 교육적으로 의미 있는 주제를 선택하는 이유도 여기에 있다. 가급적 많은 학생들이 영화들을 보고, 무언가를 배우거나 느끼는 바가 있다면 이미 목적을 달성한 것이다. 또한 영화 제작비를 충청남도교육청으로부터 지원받고 있기 때문에 그 결과물이 전국의 학생들에게 쓸모 있게 사용되는 것이 옳은 일이라고 생각한다. 그러기 위해서라도 더욱 각종 영화제를 통해 우리 동아리의 영화가 널리 알려지는 일은 뜻깊은 일이다. 이것이 다양한 영화제에 우리 아이들의 작품을 출품하는 이유이다.

통합교육에 대해 이야기하다 〈학교 다녀오겠습니다〉(2023)

- **제작년도:** 2023년
- **장르:** 다큐멘터리
- **감독:** 고가영(2학년)
- **제작 기간:** 2개월
- **제작 지원:** DMZ 국제다큐멘터리영화제
- **영화 소개:** 우리나라 특수교육 중 통합교육의 실태를 살펴보고 전문가, 교사, 학부모, 통합학급 학생의 인터뷰를 통해 통합교육이 나아갈 방향에 대해 함께 고민해 보고자 제작한 다큐멘터리
- **수상 및 초청 내역**
-제15회 DMZ 국제다큐멘터리영화제 초청 상영
-제23회 KYMF 대한민국청소년미디어대전 전국청소년수련시설협회장상

통합교육을 말하다

몇 년 전, 우연한 기회에 김포에서 근무하는 이수현 선생님을 알게 되었다. 이수현 선생님은 중학교 영어 교사이면서 통합학급을 맡아 지도하는 열정 넘치는 선생님이었다. 선생님에게는 자폐성 장애를 가진 자녀가 있다. 선생님은 이 아이들과 하루하루 살아온 이야기를 담아 《누가 뭐라든 너는 소중한 존재》와 《해 보니까 되더라고요》라는 책을 출간하기도 했다. 이 책들을 읽으면서 그냥 책으로만 놔두기엔 아깝다는 생각이 들었다. 그래서 동아리 아이들과 책을 사서 읽고 이야깃거리들을 모아 시나리오로 만들었다. 아이들 입장에서는 피부로 와닿지 않는 이야기들 또는 그 배경이 궁금한 이야기도 있겠다 싶어

이수현 선생님을 직접 학교에 모셔 아이들과 만나는 자리를 마련했다. 이수현 선생님은 장애가 있는 아이를 양육하는 부모로서의 어려움과 보람, 통합교육의 필요성과 오해, 통합교육의 완성을 위해 필요한 정책 등 장애 인식 개선을 위한 중요한 내용들을 짚어 주셨다.

동아리 아이들과 이 주제를 이야기하고 싶었던 이유가 있다. 우리 학교는 특수교육대상 학생이 교육받을 수 있는 편의시설이 제대로 갖추어져 있지 않다. 건물에 엘리베이터가 없고 건물 간 이동도 불편하다. 그러다 보니 학교 근처에 사는 특수교육대상 학생이 우리 학교를 선택했다가도 결국 집에서 멀리 떨어져 있는 다른 학교로 옮기는 사례가 있었다. 그래서 현재 우리 학교에는 900명 가까이 되는 학생 중 특수교육대상 학생이 단 한 명도 없는 상태이다. 바꾸어 말하면, 우리 학교 아이들은 세상에 존재하는 다양한 사람들을 학교에서 만나 보는 경험 중 유독 장애인을 만날 수 있는 기회를 잃고 있는 것이다. 어떤 것에 대한 편견은 경험하지 못한 것에서 나오기 때문에 특수교육대상자를 만나 보지 못한 우리 아이들이 사회에 나갔을 때 그들을 어떤 시선으로 바라볼지 우려스러웠다. 그래서 더 미루지 말고 지금 이 시점에서 통합교육을 이야기해야겠다고 마음먹었다.

숨고, 감추고

이수현 선생님의 책 《누가 뭐라든 너는 소중한 존재》를 모티브로 대본을 완성하고 동명의 극영화를 제작하기 시작했다. 그러던 중

DMZ 국제다큐멘터리영화제에서 청소년 다큐 제작 워크숍 프로그램에 선정되었다. 전국에서 5개 팀을 선정해 제작비를 지원해 주는 프로그램이었는데, 우리 동아리도 지원서를 제출해 선정되었다. 우리는 주제에 대한 고민이 없었다. 올해는 '장애 인식 개선'이라는 큰 틀을 짜 놓은 상태였기 때문에 다큐멘터리 주제도 동일하게 가기로 했고, 그중에서 이수현, 박현주 선생님과 함께 고민했던 '통합교육'으로 방향을 잡았다.

다큐멘터리 제작을 위해서는 현장을 알아야 하기에 통합교육이 이루어지고 있는 현장을 여기저기 알아봤지만 '공개 불가'라는 대답만 돌아왔다. 특히 특수교육대상 학생의 부모님께서 아이의 모습이 나오는 걸 극도로 꺼린다고 했다. 여름방학이 임박한 탓도 있지만 촬영 섭외가 이렇게 힘든 적이 없었는데, 다른 대안을 세우지 않으면 촬영 자체가 불가능한 상황이었다. 그나마 다행인 것은 통합교육에 대해 중요한 정보를 줄 인터뷰이가 충분했다는 것이다. 어쩌면 다른 사람들처럼 본인의 아이나 본인의 얼굴이 화면에 나오는 것이 부담스러울 텐데, 이수현 선생님과 동해에 사시는 이영수 선생님께서 감사하게도 학부모 인터뷰에 응해 주셨다. 또한 통합교육 전문가로 도움을 주신 선생님과 특수교육의 실태를 말해 주신 선생님, 행정과 정책에 대한 조언을 해 주신 충남교육청 장학사님 등의 도움을 잊을 수 없다.

무엇보다 인터뷰의 백미는 이수현 선생님의 자녀인 연우와 연우 친구들이었다. 사실 교실 장면을 넣고 싶었던 이유가 교실에서 함께 생활하는 친구들은 특수교육대상 학생들을 어떻게 생각하는지 알고 싶었기 때문이었다. 비록 학교 교실은 아니지만 연우의 친구들이 연우에 대한 이야기와 연우 교실의 분위기를 잘 이야기해 주어 의도했던 상황을 어느 정도 만족스럽게 연출할 수 있었다.

다큐멘터리와 자료

다큐멘터리는 결국 얼마나 유용한 자료를 적절하게 사용하느냐가 관건이 된다. 특히 검증된 정확한 자료와 상황에 맞는 자료가 다큐멘터리의 질을 담보한다. 그래서 긴 시간 자료수집과 검증 과정을 거쳐야 한다. 특히 이 다큐멘터리는 특수교육대상 학생의 학부모님들이 촬영을 반대하여 현장 영상을 넣을 수 없다는 제약 때문에 자료의 유용성이 더 커진 상태였다. 그래서 현장 화면은 지역의 특수학교 전경과 우리 학교 선생님의 수업 장면 정도로 대신했다. 그리고 나머지는 준비한 자료 사진과 통계 그래프로 대신했다. 물론 그 자료들을 그대로 인용하지 않고 우리가 하고 싶은 이야기에 맞게 적절히 가공하여 사용하였다. 자료 영상 역시 저작권을 침해하지 않는 범위 내에서 허락을 받고 사용하였다.

다시 상영관으로

DMZ 국제다큐멘터리영화제는 우리나라의 몇 안되는 다큐멘터리 영화제이다. 극영화 중심의 영화 일색인 현실에서 다큐멘터리는 기록의 차원을 넘어 우리 사회의 문제를 다양한 시각에서 풀어 보려는 시도로서 가치가 있다. 2023년 9월 16일, CGV고양백석에 모인 다양한 국가의 영화인들과 청소년 다큐멘터리 제작 워크숍에 참여한 4개 학교 학생들, 부모님들, 그리고 다큐멘터리를 사랑하는 일반 관객들까지 모이는 뜻깊은 자리에 동아리 아이들과 함께했다. 말레이시아 한국학교를 제외한 국내 초등학교 2개 팀과 고등학교 2개 팀이 다큐멘터리 제작 워크숍 지원 프로그램 참여로 만든 영화 상영 후 관객과의 대화 시간을 가졌다. 초등학생들은 주로 초등학생들의 일상과 청소년 문화를 주제로 다루었고, 고등학생들은 사회에 눈을 돌려 성소수자와 장애 인식 문제에 초점을 맞추었다. 이것이 바로 아이들이 영화에 자신의 목소리를 담는 방법이다.

다큐멘터리를 관람한 관객들은 그동안 우리 사회가 드러내기를 꺼려 했던 특수교육 관련 소재를 고등학생들이 과감하게 다룬 것에 대해 높이 평가하고 있었다. 특히 다양한 인터뷰를 통해 특수교육 중에서 장애 학생들이 비장애 학생들과 함께 어우러져 통합교육을 받는 것이 궁극적으로 우리 사회가 지향해야 할 방향이라는 결론을 도출하는 과정이 인상적이었다는 반응을 보였다.

우리 아이들이 만든 영화는 올해도 어김없이 상영관으로 간다. 아이들은 크고 넓은 스크린에 그들이 겪는 현실과 희망을 담은 영상을 띄우고 한목소리를 낸다. 그것은 아이들의 땀내가 가득한 영화이기에 더 값지고 소중하다.

우리들의 영화가 탄생했어요

"선생님과 영상 만들기 좋아했던 앞니 빠진 꼬마에서
단편영화를 만드는 대학생이 되기까지"

—

한예원(전남대학교 신문방송학과 21학번)

저는 현재 미디어를 전공으로 하고 있고 누구보다도 영상 제작을 좋아하고 다양한 영상 활동들을 하며 미래의 영상 제작인을 꿈꾸고 있는 대학생이지만, 불과 2년 전까지만 해도 무엇을 해야 할지 몰라 방황하던 학생이었습니다. 스무살, 꿈도 없고 가고 싶은 과도 없어 자율 전공학부(1년간 학교를 다니며 진로 고민 후, 학과를 선택하여 갈 수 있는 학과)에 진학해 1년간 깊은 진로 고민에 빠졌습니다. 당장 내년에 무슨 학과를 갈지 정해야 하는데 하고 싶은 것도 없고 잘하는 것도 없다는 생각이 들고 앞으로 나아가야 할 길을 몰라 헤매고 있었습니다. 그렇게 주변인들의 말에 휩쓸려 관심도 없는 분야에 의미 없이 삽질하는 나날들을 보내던 중, 어느 날 불쑥 '내가 뭘 할 때 가장 행복했었지?'라는 생각이 들었습니다. 그때 번뜩 떠올랐던 건 다름 아닌 초등학생 시절의 저였습니다. 이해중 선생님, 그리고 친구들과 함께 영상을 만들고 같이 보면서 벅차올랐던 그 기억이 불현듯 스쳐 지나갔습니다.

초등학교 2학년 때 저는 이해중 선생님을 담임선생님으로 만나 '장덕레인져스 2기'로 영상 제작을 처음 접하게 되었습니다. 무려 13년 전인데도 불구하고, 장덕레인져스 2기의 극장판으로 만든 〈꺼병이 억수〉는 만들었던 과정까지도 생생하게 기억이 납니다. 소외되는 친구들 없이 반 친구 모두가 각자의 역할을 정해 우리만의 영화를 만들고 다 같이 반에서 봤던 그 기억은 저에게 정말 즐거웠던 추억으로 남아 있습니다. 무엇보다 선생님이 당시 저희 반의 일상들을 영상으로 많이 담아 주셨는데, 앞니 두 개 빠져서 해맑은 저, 같이 재밌게 놀았던 친구들, 재밌었던 학급 사건들 등이 가끔 생각날 때 한 번씩 선생님의 블로그에 들어가 영상들을 구경하기도 했습니다. 지금까지도 그 영상들을 보면 추억에 잠겨 뭉클하기도 하고 그 시절을 영상으로 남겨 주신 이해중 선생님께 항상 감사하고 있습니다. 사실 당시에는 많이 어려서 원래 수업을 다들 이렇게 하나 보다 생각했는데, 지금 보면 2010년에 카메라로 학생들과 함께 영화를 만드시는 흔치 않은 선생님을 만났던 제가 운이 많이 좋았던 것 같습니다.

그렇게 초등학교 2학년 때부터 TV에 내 얼굴이 나오고 내가 참여한 영상을 사람들이 봐 준다는 것에 재미를 느껴 버린 저는 핸드폰으로 사진, 영상을 찍는 걸 가장 좋아하는 아이가 되어 있었습니다. 그리고 4학년, 저는 또 한 번 더 그 재밌는 경험을 하고 싶어 이해중 선생님이 계시는 방송부에 들어가 3년간 장덕초등학교 방송부 기자로 활동하고 또 하나의 단편영화 〈명란이 애란이〉에도 함께 참여하게 되었습니다. 이 영화에는 사실 제가 뒷부분에 잠깐 카메오로 등장하긴 하지만, 뭔가 신 스틸러로 재밌는 역할을 한 것 같아 기억에 남습니다. 또한 '초딩 로맨스'라는 장르로 방송부 친구들과 많이 웃으면서 재밌게 촬영했던 기억이 있습니다.

사실 방송부도 있지만 선생님과 함께했던 가장 기억에 남는 활동은 초등학교 5학년 때 '토요 단편영화 만들기부'에 들어가 본격적으로 단편영화를 만들었던 것입니다. 직접 시나리오도 써 보고 촬영도 하고 출연도 하면서 뮤직비디오, 애니메이션, 광고, 다큐멘터리 그리고 단편영화까지 다양한 영상들을 선생님과 함께 제작했습니다. 쉬는 날인데도 매주 토요일이 기다려지는 그런 시간이었던 것 같습니다. 함께 만들었던 많은 작품들 중에 가장 기억에 남는 작품이라고 하면 단연컨대, 〈나, 너, 우리〉라는 단편영화입니다. 같이 활동하는 친구 중 한 명이 시나리오를 직접 써 와서 만든 작품인데, 제가 처음으로 주인공을 맡아 연기하기도 했고 마산 청소년영화제에서 수상을 해서 더욱더 기억에 남습니다. 특히, 선생님과 함께 상을 받으러 버스 타고 직접 마산에 갔을 때는 가슴이 벅찬 느낌이 무엇인지 처음 알게 되었고 제가 영상 제작의 매력에 푹 빠져 버리는 계기가 되었습니다.

그 이후, 중·고등학교 때에도 카메라로 혼자 영상을 찍고 영상편집을 독학하거나 광주 시청자미디어센터의 청소년 영상 제작 동아리 '동그라미'에 들어가서 영화를 만드는 등, 초등학교 때 영향으로 영상에 대한 관심은 꾸준히 이어졌던 것 같습니다. 그리고 21살, 늘 영상 제작을 취미로만 생각했던 제가 가장 행복할 수 있는 일을 찾아보니 그것은 결국 '영상 제작'이었습니다. 그렇게 초등학교 때 선생님과 함께 영상을 만드는 것을 좋아하던 앞니 빠진 꼬마였던 저는 어느새 미디어를 전공하고 영상인을 꿈꾸는 대학생이 되어 있었습니다. 최근에는 선생님께서 하시는 무등영화제의 운영진을 2년째 맡고 있고 심지어 이번 제3회 무등영화제에서는 단편영화 〈유언비어〉의 감독으로 참여하기도 했습니다. 사실 어릴 때부터 영화감독을 한 번쯤 해 보고 싶다는 욕심이 있었는데 기회가 없어 엄두도 못 내고 있다가, 선생님께서 무등영화제 출품을 제안해 주셔서 기회를 얻어 제작하게 되었던 것 같습니다. 어찌 보면 초등학교 2학년 때부터 쌓인 영상 지식과 경험이 있었기에 용기를 내 동기들에게 함께 영화를 만들자는 제안을 했고 그렇게 제 첫 단편영화 〈유언비어〉를 만들 수 있었습니다. 이해중 선생님과 제가 함께 작품을 나란히 출품하고 같이 상영이 되니까 기분이 참 묘했습니다. 선생님이 제자들과 함께 만드신 작품을 보니 어릴 때의 제가 생각나기도 하면서 그래도 제가 성장했다는 것을 느낄 수 있었고 뭉클했습니다. 신기했던 건 저도 나중에 아이들과 함께 영화를 만들고 특별한 추억을 선물하고 싶다는 생각이 들었던 것이었습니다.

　아직 저의 정확한 진로는 정해지지 않았지만, 제 목표는 이해중 선생님처럼 의미 있고 선한 영향력을 주는 그런 영상인이 되는 것입니다. 아직까지도 꾸준히 학생들과 함께 영화를 만들며 추억을 만들어 주시고 또 한 사람의 꿈을 만들어 주시는 선생님을 보면 항상 존경하는 마음뿐입니다. 초등학교 2학년 때 정말 운 좋게 선생님을 만나 대학생이 된 지금까지도 많은 가르침과 좋은 기회를 주시는 이해중 선생님, 선생님 덕분에 지금의 제가 있는 것 같습니다. 항상 감사하고 존경합니다.

〈소청밀비〉를 만들고 나서

—

박지환(광주운암초등학교 6학년)

처음 이 활동을 시작할 때 영화를 만든다는 게 정확히 어떤 활동인지 몰랐다. 영화를 만든다니, 괜히 고생하는 건 아닌지 하는 걱정도 들었다. 하지만 영화 촬영 계획을 짜고, 역할을 정하고, 촬영을 시작하자 꽤 재미있었다. 또 다른 친구들이 연기하는 걸 보면서 '과연 나도 잘할 수 있을까?'라는 생각이 들었지만, 영화의 분위기가 마치 일상인 듯한 느낌이 들어 연기할 때 부담 없이 편하게 연기할 수 있었다. 한 영화에서 내 그림책을 만든 소감을 이야기할 때가 있었는데 그땐 조금 떨린 것 같다. 이해중 선생님이 만든 영화에서는 주연이나 엑스트라의 구분 없이 모두가 영화에서 비슷한 비중을 차지한다는 점이 가장 좋았다. 영화를 만들기 시작할 때, 나는 이게 과연 공부인지 하는 궁금증이 들었다. 하지만 영화를 만들고 다시 생각해 보니 이 활동이야말로 그때 해 보지 않았다면 두 번 다시 경험해 보지 못했을 '영화 만들기'란 새롭고 특별한 활동을 배우는 경험이었다는 생각이 들었다. 그리고 이 특별한 활동을 경험하게 해 주신 이해중 선생님께 감사하다는 마음을 전하고 싶다.

애니메이션 〈공기왕〉을 만들고 나서

최연호, 이지민, 박준호, 박정현, 김사랑, 최현정, 정소라, 정채윤, 이서빈, 곽훤

최연호 : 나는 〈공기왕〉을 제작하면서 다른 작품들보다 퀄리티가 떨어질까 봐 어느 때보다도 열심히 했다. 그리고 단체로 하는 것인데 내 그림으로 다른 친구들의 작품이 훼손될 것 같다는 생각이 들었다. 어려웠던 점은 내가 사람 그림을 잘 못 그리는데 사람 그리는 역할을 맡아서 힘들었다. 좋았던 점은 친구들과 같이 하는 것이다. 나혼자 작품을 만들면 지루할 텐데 친구들과 함께해서 힘들다는 생각이 덜 들었다.

이지민 : 〈공기왕〉을 제작할 때 그림을 그리며 항상 저의 그림에 대해 악의적인 평가를 하는 사람들에 대한 말 하나하나가 생각났어요. 그리고 〈공기왕〉 제작을 할 때 그림을 디테일하게 그리려고 노력하는 게 정말 힘들었어요. 그림이 제 길처럼 느껴지지 않을 때도 수차례 있었고 정말 포기하고 싶을 때도 많았어요. 하지만 그래도 이겨내고 싶을 때가 있긴 하더라고요. 발목뼈가 부러져 수술한 엄마가 생각날 때마다 힘이 생기는 것 같았죠.

박준호 : 내가 영화를 만든다는 게 믿기지 않았다. 그리고 정말정말

제작하는 과정이 너무 재밌었지만 조금 낯설기도 했다. 우리가 만든 영화가 상영되는 게 정말 뿌듯했다. 영화제를 못 가서 너무너무 아쉬웠다. 다음에 또 기회가 있으면 내가 갈 수 있는 날에 가면 좋겠다. 그리고 우리 반 친구들도 정말 잘했다.

박정현 : 〈공기왕〉을 만들 때 이 장면은 어떻게 그림을 그려야 할지 고민됐어요. 고민되는 게 정말 힘들었어요. 그래도 이 그림이 영화에 나온다고 하니 정말 열심히 만들었습니다. 그리고 저는 우리 반 그림을 보고 사람들이 웃을 수 있는 점이 좋았습니다. 비록 영화제에는 참여 못했지만 사람들이 재미있어 하는 모습이 그려져서 좋았습니다. 앞으로도 이런 기회를 많이 만나면 좋을 것 같다는 생각이 듭니다.

김사랑 : 무등영화제에 내가 만든 영화가 상영되는 것은 정말 말도 안되는 꿈만 같은 일이었다. 나중에 감독이나 배우가 되는 것이 나의 버킷리스트였다. 근데 이 일이 실제로 그것도 지금 된다니 너무 기뻤다! 큰 포스터, 뉴스 출연, 인터뷰 등등 절대 잊을 수 없는 추억인 것 같다. 죽을 때까지, 아니 죽어도 이 일은 못 잊는다.

최현정 : 처음 만든 영화였기 때문에 떨렸습니다. 하지만 만들어진 영화를 보니 여태껏 만들면서 받았던 이상한 기분 같은 것들도 다

날아가 버렸습니다. 정말 기쁘고 뿌듯했습니다. 참여해 준 생강 선생님과 우리 반 친구들 정말 감사합니다.

정소라 : 〈공기왕〉을 만들 때 장면 하나하나 어떻게 그려야 할지 고민도 됐고 글씨 하나하나 어떻게 써야 될지 고민을 엄청 많이 했어요. 제가 그린 그림이 책으로 나오다니 정말 뿌듯해요. 친구들과 함께 해서 정말 좋았어요.

정채윤 : 〈공기왕〉이라는 영화를 만들 때 '정말 어떻게 해야 하지?' 라는 생각들이 많이 들었습니다. 영화를 만들고 나서 무등영화제에서 저희 반이 만든 영화를 보니깐 정말 뿌듯하고 재밌었어요.

이서빈 : 표정을 그릴 때 무슨 표정을 그릴지 생각이 안 났던 게 어려웠고요. 재미있었던 점은 시청할 때 그림들이 움직이는 장면이 너무 재미있었습니다. 우리가 만든 영화가 영화제에 나온다는 게 신기했습니다.

곽훤 : 영화를 처음 만든 거다 보니 그림 등 모든 게 어려웠다. 그림이랑 목소리 등 모두 아쉬웠다. 그래도 내가 그린 그림이 책이랑 영화로 만들어져 뿌듯하고 좋았다. 그리고 기회가 되면 다시 한 번 하고 싶다.

영화 창작 동아리 '흰바람벽'

—

박서연(흰바람벽 1기 감독, 고려대학교 문화콘텐츠학과)

고등학교 1학년, 영화 창작 동아리 '흰바람벽' 활동을 시작하게 되었습니다. 원래부터 제 꿈이 영화감독은 아니었습니다. 그저 콘텐츠 제작에 관심이 많아 중학교 때부터 친구들과 뮤직비디오나 유튜브 콘텐츠 패러디와 같은 영상물을 만들었습니다. 고등학교에 올라와 영화 창작 동아리 '흰바람벽' 모집 공고를 보고 처음으로 영화라는 콘텐츠에 관심이 갔습니다. 제가 지금까지 만들던 콘텐츠와는 확실히 다른 매력이 있을 것이라 기대했습니다. 그렇게 해서 영화 창작 동아리 '흰바람벽'에 감독으로 첫발을 디디게 되었습니다.

저의 첫 작품 〈그날이 오면〉은 심훈 선생의 일대기를 그린 영화였습니다. 촬영에 들어가기에 앞서, 영화에 참여하는 모든 학생들과 총괄 프로듀서이신 구자경 선생님과 함께 인물 분석부터 시작했습니다. 영화의 주인공인 심훈 선생에 대해서 공부하는 것은 선택이 아닌 필수였습니다. 심훈 선생의 일대기를 다루는 영화이기 때문에 누구보다 심훈 선생에 대해서 알아야 했습니다. 어떻게 보면 역사 공부였고, 공부라고 하면 질색인 저도 책을 읽고 열심히 공부했습니다. 감독이라는 자리가 저를 진지하게 영화제작에 임할 수 있도록 만들어 주었던 것 같습니다. 첫 영화를 멋진 작품으로 만들고 싶은 욕심도 있었습니다.

그렇게 인물 분석부터 대본 분석까지 마친 다음 대본 리딩을 시작했습니다. 대본 리딩은 감독과 배우들이 합을 맞추는 시간이었습니다. 촬영장에 가면 많은 변수들이 생기기 때문에 꼼꼼히 배우들과 합을 맞춰 연습해야 했습니다. 이때 저는 감독으로서 한 가지 더 해야 했습니다. 바로 콘티 제작이었습니다. 촬영 장소에서 어떤 구도로 어떻게 촬영할 것인지, 글로 짜여진 대본을 그림으로 다시 그려 내는 것이었죠. 콘티를 통해 영화를 미리보기 하는 셈입니다. 이 외에도 촬영 장소, 의상, 분장까지 준비 과정부터 쉽지 않았습니다. 하지만 이것은 시작에 불과했습니다.

내리쬐는 햇볕에 눈을 찡그리게 되는 여름은 촬영을 할 때에도 얼굴을 찡그리게 만들었습니다. 촬영을 할 때엔 작은 소리도 마이크에 녹음이 되기 때문에 모두가 조용히 해야 했고 에어컨도 꺼야 했습니다. 촬영이 끝나고 중간중간 에어컨을 켜면 참 좋겠지만 〈그날이 오면〉 촬영 장소는 야외촬영도 많았고 실내촬영이라 해도 에어컨이 설치되어 있는 곳이 별로 없었습니다. 그 덕분에 배우, 스태프 모두가 땀을 흘려 가며 촬영을 했습니다. 저는 아직도 구자경 선생님께서 땀을 뻘뻘 흘리며 저희와 함께 촬영하던 모습이 기억납니다. 얼굴에도 땀이 흐르고 옷도 땀으로 흠뻑 젖어 지쳐 계셨지만 눈빛은 여름 날씨처럼 활활 타오르셨습니다. 그 모습을 보며 저도 질 수 없다는 마음으로 더 열심히 촬영에 임했던 것 같습니다. 한 번 촬영을 하면

반나절은 촬영을 했습니다. 계속되는 촬영에 모두가 지쳐 갔습니다. 저도 물론 힘들었습니다. 하지만 리더로서 함께 지치기보다는 더 열심히 해야 한다고 생각했습니다. 친구들에게는 미안하지만 컷이 마음에 안 들면 몇 번이고 재촬영을 했습니다. 지금 당장 힘들다고 해서 대충 찍으면 나중에 완성된 영화를 보며 한껏 뿌듯해 하지 못할 것 같았습니다. 이후 촬영이 모두 끝나고 편집에 들어가서도 편집자 옆에 딱 붙어 배경음악과 촬영 편집에 몰두하여 저의 첫 작품이자, 우리 모두의 영화가 탄생했습니다.

〈그날이 오면〉은 제가 많이 애정하는 작품입니다. 영화를 만드는 것도 처음이었고, 감독이라는 자리도 처음이었습니다. 모든 것이 처음인 저에겐 설렘과 동시에 부담감도 함께 안겨 주었습니다. 영화를 만든다는 것에 대한 설렘과 감독이라는 역할에 대한 부담감이었습니다. 영화는 제가 기대했던 만큼 확실히 다른 매력이 있었고, 영화를 찍는 일이 재미있었습니다. 촬영 현장에서 카메라 감독과 카메라 구도에 대해 의논하는 것도, 마이크에 녹음이 안 되어 재촬영을 해야 하는 것도, 영화 촬영이 끝나고 집에 돌아오는 길에 구자경 선생님과 끊임없이 〈그날이 오면〉 영화에 대해 이야기하는 것도 다 재미있었습니다.

하지만 마냥 재미있게만 영화를 만든 것은 아닙니다. 촬영을 진행하면서 내가 잘 찍고 있는지, 팀원들을 잘 이끌고 있는지 많은 고민이 있었습니다. 특히 〈학교는 오늘도 안녕하다〉를 제작할 당시 가장 많은 걱정을 했던 것 같습니다. 이 영화는 폐교 위기에 처한 작은 초등학교의 이야기를 담은 영화입니다. 그렇기 때문에 초등학생 친구들을 배우로 캐스팅해서 촬영을 진행했는데, 어린 친구들과 만날 일이 거의 없었던 때라 초등학생 친구들과 영화를 찍는다는 것이 걱정되었습니다. 스무 명 가까이 되는 스태프들과 초등학생 배우들을 이끌어 가야 한다는 부담감이 컸습니다. 저는 학교를 다니며 단 한 번도 반장이나 부반장은 물론, 친구들 앞에 나서 본 적이 없었습니다. 나서기보다는 뒤에 서 있는 편이었죠. 영화를 촬영하면서 리더십이란 무엇인지, 나는 어떤 리더가 되고 싶은지 처음 생각해 봤던 것 같습니다. 나중에서야 팀원들과 선생님께 듣게 된 말 중, 촬영할 때는 제가 무서웠다는 말도 있었습니다. 그렇다고 해서 촬영장에서 스태프와 초등학생 배우들에게 화를 내거나 혼낸 것은 아니고, 잘못된 점이 있으면 아무리 친구여도 바로 짚고 넘어갔기 때문이었나 봅니다. 초등학생 배우 친구들에게는 아이들의 눈높이에 맞추어 설명했습니다. 촬영 현장에서만큼은 엄격하고 냉정하게 촬영에 임했고 휴식 시간에는 화기애애한 분위기를 만들려고 노력했던 것 같습니다. 서툰 점도 많았지만 리더란 무엇이고 또 리더의 무게가 얼마나 무거운지 느낄 수 있었습니다. 또한 감독으로서 잘하고 있는지 제 자신에 대한 확신이 많이 떨어졌을 때쯤, 구자경 선생님께서 해 주신 한마디가 아직도 기억에 납니다. "잘하고 있어." 이 한마디로 선생님께서 저를 믿고 있다는 게 느껴졌고 저도 제 자신을 믿고 영화를 완성해 나갈 수 있었습니다.

　고등학교 시절, 대학입시를 앞두고 진로에 대한 걱정이 많았습니다. 내가 무엇을 좋아하고, 뭘 하고 싶은지에 대해 깊이 고민했죠. 그러던 어느 날, 촬영하는 제 모습을 보신 선생님께서 제가 수업 시간에는 눈이 반쯤 감겨 있는데 촬영할 때는 눈이 초롱초롱하다고 하셨습니다, 그때 알아챘습니다. 내가 좋아하고, 하고 싶은 일이 이거구나! 무언가에 크게 재미를 느낀 적도, 무언가에 몰두하며 열정 넘치게 했던 적이 없었던 제가 이렇게까지 할 수 있는 일이 있다는 게 신기했습니다. 그렇게 '흰바람벽'은 제가 영화감독이란 꿈을 꾸게 해 주었습니다.

　이후 대학교에 진학해서도 영화에 관심이 많은 사람들과 함께 영화를 찍고 있으며, 벌써 감독으로 참여해 한 편의 영화를 제작했습니다. 현재 대학교 2학년이 되어서 정신없이 영화를 찍으러 다니던 고등학교 시절을 떠올려 보니 매우 행복했던 기억으로 남아 있습니다. 제겐 너무 값진 경험이었고, '흰바람벽'에서의 경험들은 어떤 일이든지 도전하게 하고 자신감을 불어넣어 주는 경험인 것 같습니다. 앞으로 제게 주어질 많은 경험들이 있겠지만 '흰바람벽'에서 영화를 만들며 느꼈던 열정은 또다시 그 열정을 느끼고 싶어 하는 제게 원동력이 되어 열심히 앞으로 나아갈 수 있도록 도와줄 것입니다.

나를 성장시킨 영화 창작 동아리

고가영(흰바람벽 5기 감독, 호서고 2학년)

저는 중학생 때 수많은 취미 중 한 가지가 TV 보는 것이었을 만큼 TV 보는 것을 좋아했습니다. 그러다 한 예능이 너무 재미있어서 매주 알람을 맞춰 놓고 본방송을 챙겨 보기 시작했고 자연스럽게 그 출연진과 제작진에 대하여 관심이 생겼습니다. 어떤 사람은 카메라를, 어떤 사람은 마이크를, 어떤 사람은 그 모든 사람들에게 지시를 내리고 있는 모습이 신기했습니다. 그리고 카메라에 빨간 불이 켜져 있을 때만 사람들이 웃고 있는 모습이 재미있어 보였습니다. 그렇게 저의 꿈은 예능을 만드는 사람, 방송 PD가 되었습니다.

저는 호서고등학교 영화 창작 동아리 '흰바람벽'의 5기 감독입니다. 촬영을 할 때든, 편집을 할 때든, 영화제에 갈 때든 선생님께서는 항상 "여긴 감독 언니가 짱이야."라며 모든 권력이 감독인 나에게 있다고 자주 말씀하시곤 하셨습니다. 사실 저는 대놓고 관심을 받거나 리더 같은 위치에 서는 것을 싫어했습니다. 무대에 서는 것은 좋아했지만 부끄러움이 많아서 막상 판을 깔아 주면 아무것도 하지 못했습니다. 이런 저의 성격이 답답하기도 했고 제 주변에는 누군가 그 사람을 치켜세워 주지 않아도 본인이 먼저 나서서 스스로 이것저것 경험하고 있는 친구들이 많아 보였습니다. 그래서 몇 달 전까지만 해도 저의 학창 시절 목표는 그런 친구들처럼 부끄러워하거나 두려워하지 않고 스스로 사회에 나를 던져 놓고 다양한 경험을 하며 행복을 느낄 수 있는 사람이 되는 것이었습니다.

　중학교 졸업 전에 호서고등학교에서 설명회를 왔던 날, '흰바람벽'이라는 동아리가 있다는 것을 듣고 저는 감독이 되는 것이 꿈이었기에 무조건 '흰바람벽'에 들어가야겠다고 생각했습니다. 사실 저는 어릴 때부터 내성적인 성격 탓에 포기하고 후회하는 일이 많아 이 성격을 꼭 바꾸고 싶었습니다. 그런 저에게 '흰바람벽'은 제 학창 시절 목표를 이룰 수 있는 마지막 기회라고 생각했습니다. 그런데 고등학교에 입학하고 동아리를 정하던 날 저는 혼자 '흰바람벽'에 들어갈 자신이 없었습니다. 더군다나 1학년과 2학년이 같이 영화를 만들어야 한다는 사실에 더욱 용기가 나지 않았습니다. 그래서 같은 반 친구들 중 비슷한 진로를 꿈꾸고 있던 서정이, 윤정이와 함께 '흰바람벽' 담당 선생님을 찾아갔습니다. 긴장한 채, 2학년 교무실로 향했습니다. 선생님은 '진로가 어느 쪽이냐', '무슨 일이 해 보고 싶냐' 같은 간단한 질문 몇 개를 하고 바로 우리를 동아리에 들어오게 해 주셨습니다. 첫 동아리 시간, 교실로 들어갔지만 사람이 너무 없었습니다. 2학년 언니 두 명과 나를 포함한 1학년 네 명이 끝이었습니다. 매번 선생님께서는 "영화는 절대 혼자 만들지 못한다.", "말을 안 할 거면 이 동아리에 있을 이유가 없다."라고 말하셨지만 언니들과 선생님 모두 합해서 일곱 명밖에 없는데도 저는 말할 용기가 나지 않아 조용히 있었습니다.

　본격적으로 촬영 준비를 하며 선생님은 우리에게 카메라, 마이크, 조명 사용 방법에 대하여 알려 주셨습니다. 장비들은 생각보다 무거웠고 주의해야 할 것도 많았습니다. 여름방학에 촬영을 했는데 선생님께서는 매미가 울면 녹음을 못 한다고 매미를 다 잡아야 한다고 하셨습니다. 다행히 매미가 울지는 않았지만 가만히 있어도 땀이 흐르는 날씨 때문에 한 손에는 미니 선풍기를, 다른 한 손에는 장비를 들고 촬영을 했습니다. 실내촬영이어도 붐마이크에 에어컨 소리가 녹음된다며 에어컨까지 다 꺼야 했습니다. 정말 너무 더웠습니다. 손에 잡히는 모든 것을 부채로 만들어 더위를 식히기 바빴습니다. 그렇게 힘들었던 촬영이 끝나고 며칠이 흐른 뒤 선생님께서 편집한 영상을 보여 주시며 잘못 찍은 부분과 재촬영해야 할 부분들을 설명해 주셨습니다. 생각보다 재촬영해야 할 장면이 많아서 충격이었습니다. 왜 그랬을까 생각해 보면 그땐 영화 전체가 아닌 한 신, 한 컷의 순간순간들에만 집중을 했던 것 같습니다. 선생님께서 말씀하셨던 "편집해 보면 재촬영이 필요한 부분이 나온다."라는 말이 이런 경험에서 나온 말인 것 같았습니다. 여러 번의 재촬영을 거쳐 영화가 완성되고 CGV에서 처음 상영하던 날을 아직도 잊을 수 없습니다. 스크린에 나오는 우리 영화를 보며 각 장면을 촬영하던 기억이 머릿속을 스쳐 갔습니다. 촬영을 할 땐 긴 시간 동안 많은 일이 있었는데 스크린에는 약 20분 동안 배우들의 모습만 나오고 마지막 짧은 엔딩

크레딧 몇 분에 '만든 사람들'로 내 이름과 사진 몇 장만 나오는 것이 아쉬웠습니다. 영화를 만들어 보기 전에는 엔딩크레딧이 시작되면 바로 영화관을 나왔는데 이날 처음으로 엔딩크레딧의 의미를 알게 됐습니다.

1학년으로 '흰바람벽' 활동을 할 때 언니, 오빠들이 1학년보다 많아서 맘에 안 드는 부분이나 부족하다고 생각하는 부분을 편하게 말하지 못했습니다. 2학년이 되고 나서 저는 감독이 되었고, 감독을 하기 위해 동아리에 들어온 것이었지만 지난 1년을 돌아보면 내가 올한 해 동안 감독 역할을 잘할 수 있을까 걱정이 앞섰습니다. 제가 1학년 때 봤던 감독 언니는 말도 잘 안 하고 그냥 선생님이 정해 주신 대로 움직이는 것 같았습니다. 저는 감독이 된다면 먼저 나서서 이야기하고 동아리원 모두가 편안한 분위기에서 좋은 아이디어를 마음껏 펼칠 수 있는 환경을 만들어야겠다는 생각을 가지고 있었습니다. 하지만 그러기 위해서는 어떠한 상황에서든 제가 먼저 움직여야 하고 먼저 입을 열어야 한다는 것을 알고 있었기에 걱정이 되었던 것 같습니다. 그래서 그냥 이참에 나를 바꿔 버리자는 마음으로 1년 동안 바쁘게 살자고 마음먹었습니다.

열심히 동아리원을 새로 모집해서 14명으로 만들었고 처음으로 함께 모이는 날이 찾아왔습니다. 당연히 저는 친한 친구들과 떠들기만 하고 처음 보는 친구들에겐 아무 말도 하지 않았던 것 같습니다. 시나리오 쓰기가 시작되었지만 저를 포함해 아무도 이야기를 하지 않으니 너무 답답했습니다. 그래서 어떻게든 친구들과 친해지기 위해 먼저 말을 시작했습니다. 누구와도 쉽게 친해지는 윤정이의 도움을 받아 조금씩 분위기를 풀어 나갔습니다.

작년에는 배우도 스태프도 모두 우리 학교 학생이 했기에 촬영 날짜도 편하게 잡을 수 있었고 재촬영도 빠르게 할 수 있었습니다. 하지만 올해는 배우가 대부분 외부 사람들이라 촬영 날짜도 배우 스케줄에 맞춰 잡아야 했습니다. 첫 촬영을 준비하며 촬영 일정도 공지하고 스토리보드도 그리면서 준비를 많이 했습니다. 촬영이 시작되고 처음엔 친구들이 집중을 잘하지 못하는 듯 보였습니다. 첫 번째 신 촬영이 끝나고 학교로 이동하던 중 선생님께서 먼저 노는 사람이 생기면 안 된다고 말씀하셨습니다. 함께 차를 타고 가던 윤정이도 "애들이 다 놀고 있었어."라며 거들었습니다. 제 생각에도 촬영하던 호형이, 슬레이트 치던 윤정이, 마이크 채우던 서윤이, 메이킹 찍던 혜인이 외에는 그냥 구경하며 노는 것 같았습니다. 학교에 도착해 점심으로 햄버거를 먹고 두 번째 촬영 시작 시간을 기다리며 동아리원들에게 경고를 했습니다. 저와 윤정이가 작년부터 선생님께서 하시던 잔소리를 친구들에게 하고 있었습니다. 그리고 두 번째 촬영이 시작됐습니다. 이번 신에는 학부모님들과 교장선생님이 등장하셨습니다. 특히 교장선생님 앞에서 제가 큰 목소리로 '레디, 액션!'을 외칠 생각에 잠시 부끄러웠지만 촬영이 시작되고 제 걱정과는 달리 제 목소리는 이전 촬영보다 두 배는 커진 것 같았습니다. 마지막엔 친구들이 제 말에 잘 따라 주었고 저의 바람대로 노는 사람 없이 정말 만족스럽게 촬영을 끝냈습니다. 작년부터 저는 촬영을 할 때면 즐거웠습니다. 이미 촬영을 경험해 본 친구들도 있었지만 이번에 처음 경험해 보는 친구들에게는 저와 함께 촬영을 하며 그때 제가 느꼈던 즐거움을 느끼게끔 해 주고 싶었습니다.

촬영 첫날 모든 일정이 끝나고 집에 돌아와 정리를 하고 폰을 보니 단톡방에 윤정이가 '첫 촬영 다들 수고 많았습니다!!'라며 이모티콘과 함께 메시지를 보냈습니다. 그 아래로 친구들이 줄줄이 '수고하셨습니다'라는 말을 했고 저도 친구들을 따라 메시지를 보냈습니다. 그리고 그날 저녁 선생님께서 장문의 글을 써서 보내 주셨습니다. 아직까지도 잊을 수 없는 칭찬입니다. 그 글에는 '처음 영화에 도전하는 여러분들을 보면서 걱정이 앞섰는데, 오후쯤 되면서 분위기가 변해 가는 모습을 보면서 안도했습니다. 여러분들 정도의 열정이라면 어떤 작품도 해낼 수 있겠다는 자신감이 생겼어요'라는 말과 함께 열심히 참여해 주어서 고맙다는 말을 해 주셨습니다. 사실 항상 동아리 활동이 즐겁게 마무리되었다고 하더라도 마음 한편에는 '나만 즐거웠고 나만 만족스러웠으면 어떡하지?'라는 걱정이 있었는데 이 글을 읽자마자 걱정이 싹 사라졌습니다. 선생님께서 우리를 믿고 계신다는 게 느껴졌습니다. 그리고 다음 촬영 날 선생님 차를 타고 이동하며 다시 한 번 잊지 못할 말을 들었습니다. 선생님은 항상 1기 선배들을 칭찬하셨습니다. 특히 1기 감독 언니 이야기를 많이 하셨습니다. 그런데 이날은 "지금 촬영을 하며 1기의 느낌을 다시 느끼고 있는 것 같습니다."라고 말씀하셨습니다. 저뿐만 아니라 다른 친구들도 선생님의 말을 듣고 기뻐했습니다. 개학 전부터 영화의 주제가 될 책을 읽고 학교에 나와 회의를 하고 이수현 선생님의 특강까지 들으며 오랜 시간 동안 고민하던 날들을 보상받는 것 같았습니다.

처음 동아리 활동을 하면서 제가 느꼈던 구자경 선생님은 '자기애가 넘치는 선생님'이었습니다. 처음에 선생님을 볼 때 어떻게 저렇게 자기 자신을 스스로 '높으신 분'이라고 말을 할 수 있을까 궁금했습니다. 하지만 약 2년 동안 선생님의 지원과 노력 속에서 동아리 활동을 해 보니 나 스스로가 나를 믿지 못하면 아무것도 할 수 없겠다는 생각이 들었습니다. 동아리 시간 외에 화법과 작문, 독서 수업 시간에도 선생님의 자기애는 여전했습니다. 그런 선생님의 모습을 처음 보는 친구들은 제가 선생님을 처음 봤을 때와 같은 감정을 느끼는 듯했습니다. 하지만 2학기가 되고 친구들은 "자경쌤 수업 재미있어", "자경쌤이 수업을 잘하시긴 하지."라며 선생님의 수업 시간을 좋아하는 친구들이 생기는 것이 보였고 저는 언젠가부터 그런 선생님을 닮아 가려고 했던 것 같습니다.

2023년은 제가 지금까지 살면서 가장 바쁘게 보내고 있는 한 해가 아닐까 하는 생각이 듭니다. 지금까지 저는 항상 누군가와 소통하고, 매일을 바쁘게 살아 본 적이 없었습니다. 제가 감독이라서 다른 친구들보다 바쁘게 사는 건지, 그냥 원래 모두가 지금은 바쁘게 살아가는 시기인 것인지는 잘 모르겠습니다. 하지만 다큐멘터리 팀의 윤정, 재경, 호형이도 저와 함께 방학도 없이 바쁘게 살았습니다. 다큐멘터리부터 시작해서 아직 끝나지 않은 극영화까지 매일 주말도 없이 학교에 남아 늦은 시간까지 편집하느라 시험공부를 할 시간도 다른 친구들보다 부족한 것이 사실입니다. 하지만 다 같이 모여 늦은 시간까지 회의를 하며 편집도 해 보고 주말에 이곳저곳을 다니며 다양한 영화제에 참석하는 것이 시험공부보다 더 많은 것을 배우고 느낄 수 있는 기회라는 것을 알고 있습니다. 얼마 전 DMZ 국제 다큐멘터리영화제에서 또 무대인사를 했는데 이번에는 전혀 떨지 않았고, 극장에서 나온 후에는 다른 참가 학생들에게 먼저 인사하는 저를 발견했습니다.

'흰바람벽'의 일원으로 다양한 역할과 더불어 동아리에 들어오기 전보다 자신감을 갖고 더 큰 세상을 바라볼 수 있는 힘이 생겼고, 도전해 보고 싶은 것도 늘었습니다. 그래서 저는 앞으로 저에게 일어나는 모든 순간들을 진심으로 즐기고 최대한 많은 것을 경험하며 살아가기로 마음먹었습니다. 제가 이렇게 바뀔 수 있었던 이유는 항상 옆에서 저와 함께 최선을 다해 동아리 활동을 함께해 준 친구들과 1학년 후배들, '흰바람벽'을 위해 우리보다 더 늦은 시간까지 고민하시고 우리보다 몇 배는 더 고생하셨을 구자경 선생님 덕분이라고 생각하며 진심으로 감사하다는 말씀을 전하고 싶습니다.